科学出版社“十三五”普通高等教育本科规划教材

经济社会系统仿真理论与应用

主　编　章德宾　梅友松　胡　斌
副主编　聂亚珍　陆文娟

国家自然科学基金（71873052）

科学出版社
北　京

内 容 简 介

本书分为两篇。第 1 篇基础理论与方法包括绪论、离散事件模拟原理、伪随机数和随机变量的生成与检验、多智能体系统、连续系统模拟、模型的校核验证与输出统计；第 2 篇高级进阶与应用包括农户间信任关系的社会网络分析、DEA 在农户生产效率研究中的应用、BP 神经网络在食品安全预警中的应用、基于 MAS 的农户 ADM 羊群行为仿真模型实现等。本书以 AnyLogic 软件为演示和实现工具，读者可在阅读本书时参考软件相关帮助。

本书可作为高等学校与系统模拟相关的经济社会管理类专业高年级本科生教材，也可作为相关专业研究生参考用书。

图书在版编目（CIP）数据

经济社会系统仿真理论与应用 / 章德宾，梅友松，胡斌主编. —北京：科学出版社，2023.6

科学出版社“十三五”普通高等教育本科规划教材

ISBN 978-7-03-055309-6

Ⅰ. ①经… Ⅱ. ①章… ②梅… ③胡… Ⅲ. ①经济管理-管理信息系统-系统仿真-高等学校-教材 Ⅳ. ①F2-39

中国版本图书馆 CIP 数据核字（2017）第 274426 号

责任编辑：王京苏 / 责任校对：姜丽策

责任印制：张　伟 / 封面设计：蓝正设计

科学出版社 出版

北京东黄城根北街 16 号

邮政编码：100717

http://www.sciencep.com

北京盛通商印快线网络科技有限公司 印刷

科学出版社发行　各地新华书店经销

*

2023 年 6 月第　一　版　开本：787 × 1092　1/16

2023 年 6 月第一次印刷　印张：9 1/2

字数：230 000

定价：78.00 元

（如有印装质量问题，我社负责调换）

序

中国经济社会管理的科学化，自 1978 年改革开放破冰始，一直在持续不断进行中。从管理理念、管理方法，到管理手段与工具，都呈现一种逐步与世界接轨的转变状态。这种转变至今仍在继续，体现为理论方法为国人熟知后，专业领域内技术的成熟化与细致化。

作为管理学与计算机科学的交叉学科，管理科学中的智能化和自动化一直伴随社会发展和科技进步不断前进。华中工学院（现称华中科技大学）黎志成于 1983 年自普渡大学访学归国后和清华大学冯允成、侯炳辉共同出版了国内第一本《管理系统模拟》，以仿真方法模拟和解决物资运输设计与规划中的实际问题。当时所有模拟程序以主程序、子函数源代码结构化编程方式存在，学生要学会在 UNIX 系统上实现这些 Pascal 程序，以及后续的编译、运行。黎志成教授一直在华中科技大学教授管理系统模拟相关课程直至退休。2000 年以后，计算机编程的应用迅速发展，前有 Arena、Flexsim、Vensim 等仿真软件不断涌现，后有 AnyLogic 等仿真软件在使用便利性、易用性上飞速提升。学生在掌握随机数生成方法、理解离散事件模拟原理、掌握 AnyLogic 基本操作方法之后，就可以在帮助文件和示例程序的支持下进行一些简单工程应用。这与之前的管理系统模拟学习方式和应用方式都已不同，我们高兴地见证了这些变化过程。

本书分为基础理论与方法篇和高级进阶与应用篇，编者在简要介绍离散事件模拟、随机数与随机变量、多智能体、系统动力学等相关内容之后，就展开了实际研究应用案例示范。这契合了近年管理系统模拟向专业化迈进、专业仿真软件替代手工编程的客观事实，是顺应时代要求的教材编写变化。

编者章德宾在教材立项和内容设计时与我作过商讨，作为我的博士研究生，他于 2007 年毕业后在华中农业大学教授“系统仿真导论”课程十余年，其间努力深化了系统仿真在农业经营管理与科研中的应用，本书的高级进阶与应用篇可看作他积累的部分总结。

特此作序，愿经济社会系统仿真方法能在各领域有更深入、更广泛的运用。

胡　斌

华中科技大学 喻家山

2023 年 1 月

序

前　　言

系统仿真作为管理科学与工程类专业课程已在国内设立多年，从最开始的管理系统模拟到今天的经济社会系统仿真方法，已经积累了一定教学素材、经验和研究应用案例、论文，相关教学内容与知识体系架构相对稳定。结合人文社会科学研究问题和应用特征，多智能体系统、系统动力学、网络仿真、合作博弈等方法相比离散事件模拟在人文社会科学研究应用中有了更多的可能和价值，宜进行更多的讲解，这些趋势和变化有必要体现在教材的不断升级和修订过程中。系统仿真知识体系中，离散事件模拟以理解原理为主，突出前述其他方法的内容介绍和案例应用，越来越多的研究者以及从事系统仿真的专业人员都倾向于使用功能足够强大、简便易用的第三方综合仿真软件，从前烦琐的自行动手编写事件表、编写调度队列等工作都已由软件封装好，可直接使用而且便捷。相比之下，伪随机数生成、随机变量与特征抽象原理、离散事件模拟原理等基础知识了解即可。

明确目标与动机是所有知识体系首先要了解的问题：为什么存在这类方法？学完之后能做什么？能解决哪些情况下的什么问题？只有解释清楚这些问题、目标明确，才能有成效和产出。举例如下。

某加工机械使用 A、B 两种原料制作成品 C。进货时，原料 A、B 有一定的不合格率，但进货不合格规律未知；任一原料不合格，都会导致最终成品 C 不合格。

（1）求成品 C 的合格率。

（2）求此加工机械在给定原料 A、B 下的投入产出效率。

（3）当加工工序增加一步时，求上述问题。

（4）当存在并联工序时，求上述问题。

按照概率论与数理统计的方法，解题如下：如果将 A、B 的概率分布记为 $P(\mathrm{A})$和 $P(\mathrm{B})$，那么显然，$P(\mathrm{C}) = P(\mathrm{A}) \times P(\mathrm{B})$。也就是说，若原料 A 的合格率为 90%，原料 B 的合格率为 70%，则 $P(\mathrm{C}) = 90\% \times 70\%$，这就是成品 C 的合格率。这是古典概率表示法。

延伸题目：求此加工机械在给定原料 A、B 下的投入产出效率。合格率可以用 $P(\mathrm{C}) = P(\mathrm{A}) \times P(\mathrm{B})$计算；但效率是相对概念，投入产出效率是实际产出效率与潜在产出效率的比值。古典概率表示法中 $P(\mathrm{C}) = P(\mathrm{A}) \times P(\mathrm{B})$成立的前提是 A 与 B 是独立的，它们不能相关。前道工序的产品如果作为后道工序的原料，原料 A 与 B 就不独立，直接认为投入产出效率等于 $P(\mathrm{A}) \times P(\mathrm{B})$是值得怀疑的。进一步，当加工工序增加一步或者存在并联工序时，前、后道工序之间成品率是相关的，即非独立，前道工序的不合格率将直接影响后道工序或者并联工序的不合格率。这时用古典概率表示法来分析就会产生前置条件不足的问题。

因为古典概率中严格要求分布函数之间满足某些条件（例如，F 分布要求 x 与 y 之间独立同分布），所以在求解后面三个问题时出现了古典概率中没有提供现成方法的问题。现实生活中的多数情况无法满足这些条件或者只能经高度简化和极端假设后勉强满足这些条件。因此，在分布未知或相关性不明确的情况下，需要一类新的有别于古典概率统计的方法来解决这类问题。这就是本书要引入的经济社会系统仿真方法。在后续内容中会将这些内容进行细化和拓展，包括仿真方法与概率方法在解决问题的思路和要求上的本质区别。

在人类社会待解问题中，①如果内部结构清晰，同时相关属性能够且易于测量，则用解析方法求解，例如，输入初始角、经纬度、当前大气主要属性等，就能够在一定误差内通过解析方法获得明确的某飞行器从甲地发射到乙地的落点位置；②如果内部结构不完全清晰，但存在初步的规律性认识，例如，虽然影响系统的多个因素间尚未建立明确的解析关系，但相关性、出现概率等已经获知，就可尝试采用概率方法求解；③如果内部结构存在多种不确定，同时这些不确定之间相关性不明确、存在更多不能量化因素或者属性无法测量，就宜尝试采用仿真方法求解。

随着社会发展，系统仿真方法的应用领域不断拓展，涉及虚拟现实、成体系的人在回路的各种训练仿真器、传染病扩散和基因片段拼接等在现实中已经广泛应用的仿真，因此有必要在学习阶段进行系统仿真方法的介绍和普及。

本书主要介绍系统仿真的基本原理、建模工具、应用示例，帮助读者理解和掌握离散事件模拟的手工操作过程后，能够借助工具解决现实仿真问题。在基础理论与方法部分中，涉及经典仿真方法介绍、经典案例引用描述等部分，与华中科技大学胡斌教授《管理系统模拟》及课题组文献，存在少数使用相同图片和文字的情况，这是介绍经典理论部分时，不可避免地参考优秀教材。2021 届信息管理专业学生周航，勤奋上进，其主动聚焦某疾病扩散规律的仿真研究，取得了较好的效果，能够较细致展示 SEIR 模型具体应用。经周航本人同意，将其纳入系统动力学应用章节中。高级进阶与应用部分，全部来自编者近年各种积累。

在本书的编写过程中，编者借鉴了国内外相关领域学者的最新研究成果，在此一并表示感谢！对于本书中存在的不足之处，敬请广大读者和专家指正。

目　　录

第1篇　基础理论与方法

第 2 篇　高级进阶与应用

第 1 篇　基础理论与方法

第1章　绪　　论

1.1　系统的概念

1.1.1　系统

系统是由多个相互依赖、相互作用、共同配合实现预定功能的要素形成的有机集合体。其基本特征是不满足简单的线性相加原理（简称简单加原理）。简单加原理是指两个人合作的产出等于单个人产出的两倍或者线性倍数，即人数的增加能够得到产出的同比例增加。在不满足简单加原理的情况下，系统内因素往往相互影响，关系和产出都存在相当大的不确定。在这种情况下，两个人合作的产出不能简单地等于二人产出之和。显然一群人的总效用不能用单个人的效用加总来计算。体现系统复杂性的一个显著领域是经济社会。经济社会中许多活动具有复杂系统特征，不满足简单加原理。

体现系统复杂性的另一个显著领域是国家和社会治理。近几十年来，一些代表性的国家社会变革具有典型借鉴意义，某些国家原本具有较好的自然资源基础，土地肥沃、产出丰富，同时具备一定的历史技术积累，但是由于社会架构和治理机制的失败，一群人在一起出于各种自身利益考虑最后演变成了反复的社会动荡，基础设施在持续冲突中损坏殆尽，国家技术进步与发展更无从谈起。这在一定程度上可理解为不具有简单加原理的人类社会体现出的系统复杂性。100 多年前著成的《乌合之众》中反复讨论过：一群理智、聪明、有理想、有原则的人在一起反而有可能产生群体负效用。因此，这类宏观层次的社会系统都不满足简单加原理，特别是在人广泛参与的情况下，往往具有复杂的系统特征。

关于系统其他特性在经济学中的表现，管理决策科学的鼻祖——H. A. 西蒙（曾获图灵奖和诺贝尔经济学奖）提出了著名的有限理性理论。人的决策并不是如经济学课本所述，每个人都是理性的，理性的人在看不见的手的作用下，通过自我效用最大化，最终实现整个市场的均衡。但事实上，人们在做决策时往往不是完全理性的。例如，在研究个体面对各种广告的反应时，可认为在由多种广告组成的系统中，个体并不能做到简单的理性化，其表现受多方面、多种因素共同作用，因此要从系统和全局出发，分析研究个体决策，充分关注个体组成系统之后所呈现的系统复杂性。

1.1.2　系统模型的分类

系统模型一般可分为物理模型和符号模型。物理模型是根据相似原理构造的缩微或放大模型，如波浪水箱中的舰艇模型、风洞中的飞机模型、沙盘、航模等，可利用这些模型进行分析、对比，甚至实验。符号模型可分为数学模型和系统仿真模型，系统仿真模型又可细分为仿真的概念模型和仿真的计算机模型。此外，符号模型又可分为逻辑模型和计算机程序模型。

例如，在数据库分析与设计中，会将建模过程分为概念模型、数据模型和计算机模型三个层次，沿着这三个层次，首先将一段用文字描述的处理事务变成用实体-联系（entity relation, ER）图表示的处理流程，然后变成每个实体和每个处理相对应的联系（即数据库表），最后用某种数据库软件实现为计算机程序。

与上述数据库分析与设计过程类似，系统仿真模型的建立过程也是这样分层次进行的：第一，明确一个由语言表述的问题；第二，将其转化为用文字文本描述的问题；第三，使用因果符号、作用关系等将其抽象并制作成概念模型；第四，选择具体的仿真方法，建立逻辑模型，如果选用智能体（agent）方法，就要列清楚智能体的数量、名称，以及每个智能体的属性和方法等，如果选用系统动力学方法，就要列清楚流位、流速，以及正向、反向作用关系等；第五，在某仿真软件上实现可运行的计算机程序。

1.1.3　系统类型

系统类型划分有助于了解和突出不同类别系统特征。按照系统状态随时间的变化，系统可分为静态系统（描述系统在某一特定时刻的状态）和动态系统（描述系统状态随时间的动态变化）。动态系统又可分为两类：一类是可以按时间划分的，称为连续系统；另一类是随时间发生跳跃性变化的，称为离散系统。

例如，在加油站里，汽油数量随时间逐渐减少，且会在某一天或某一时刻突然增加（因为油罐车注入汽油），即汽油数量减少的行为连续可微分，而汽油数量增加的行为是在离散时间点上发生的。又如，购买物品，物品一次可以买 1 个、2 个、3 个、4 个……但是不能买 1.5 个，即物品数量的变化是离散的、无法微分的。在这里要注意一个概念：仿真粒度。粒度是指观察世界、分析世界的尺度，粒度不同，分析目标采用的方法、角度、印象和结论都有所不同。同一仿真对象，如果仿真粒度很大、很宏观，可能是连续的，如全国的成品油量；如果仿真粒度很小（针对具体加油机），油量增加显然是离散的。不同仿真粒度之下，同一系统有时看作离散系统，有时看作连续系统。总体看，系统变量随时间呈现连续性变化，微分就一定连续；而连续不一定能够微分，就像可微必可导。例如，连续变化时有一个转折点，那它就不可导了。在一系列离散点上发生变化的、可以用差分方程表述的系统称为离散系统。

按照是否存在随机性，系统可分为随机性系统和确定性系统。系统仿真呈随机性，且多种随机性共存。如果系统只有一个随机变量，就完全可以用概率论的方法分析；如果系统有两个随机变量，也可以采用古典概率统计的方法分析。如果系统有三个及以上随机变量，并且这种随机性在很多情况下不能进行拟合实验（随机变量随机性未知），就只能应用模拟方法分析了。当然，维度划分是多种多样的，有几种看问题的角度，就有几种划分方法。总体来看，系统模型大致可分为两类：一类是物理模型；另一类是逻辑模型和计算机程序模型。

社会科学领域的模拟仿真应用也很多。首先从是否可量化分析的角度将其划分为定性模型和定量模型。社会科学领域的许多问题是不便于进行测量的，可能有两个原因：

一是这个问题本身不能被量化，二是问题可以被量化，但是非常不便于测量。因此，人们设计了很多定性模型。20 世纪 70 年代，美国科学家做了关于烧开水的过程变化的实验，采用输入和输出都是定性的方法，形成了一套自己的理论、体系、符号，称为定性仿真（qualitative simulation）。国内研究者也进行了一些类似研究和定性仿真应用，在定性知识表达与运算规律发现中取得了一定进展。

计算机程序模型就像在数据库分析与设计中的第三层——计算机模型。截至目前，绝大多数系统仿真是指计算机仿真。计算机仿真从 20 世纪 50 年代开始，用于研究原子弹爆炸过程中中子的扩散规律，彼时做一次实际验证是很困难的，因此研究者基于计算机建立了一个蒙特卡罗模型来模拟扩散过程。20 世纪 70 年代后，计算机仿真在曲线设计、工程设计中应用较多，但依然以专用应用为主。20 世纪 80 年代初，计算机仿真向社会科学领域扩散，出现了服务台负载、多队列等运用仿真方法比运筹学方法更有效的场景。

例如，现有 8 个服务台、8 个队列，各服务台宕机概率不同，各队列的排队规则也不相同。如果采用运筹学方法求解该问题，步骤烦琐，且需要做极度简化（如将 2 个服务台或偏好相同的服务台归为一类）后才能勉强得到一些远离现实的结论。多服务台、多队列问题采用系统仿真方法求解更准确、合理。现在商用的、广泛普及的计算机仿真软件已经变成了多方法的综合性平台。

1.1.4　系统模型的结构

系统模型是由六部分构成的：①组成要素；②变量；③参数；④函数关系；⑤约束条件；⑥目标函数。

数学模型、系统仿真模型中的输入可以分为两类。一类是参数，输入后就保持不变。例如，班级有 50 个人，输入班级人数 $n = 50$，n 在运算过程中是不会发生变化的。参数可作为初始可调整系统状态，用以设计不同的实验方案。另一类是变量，它们在计算和迭代过程中是会发生变化的。例如，班级的正式群体和非正式群体间的心理距离，表面看似火热、内心实则相互不认同的群体的心理距离实际很远。

函数关系用来表示参数、变量之间的规律性。例如，社会学中的生长模型体现生命体的生长是呈曲线的而不是线性的。如果进行班级的非正式群体之间的成长模拟，就可以采用生长模型。如果这些人共同参与活动的次数多于 5，那么他们心理距离的增加量可以由生长模型得到。该生长模型是一个映射关系，也就是一个函数关系。

约束条件可以从需求量、总人数、财务资金等方面进行考虑。例如，你希望增进某些联结，就需要进行投入。第一个是资金约束，如果进行资源活动缺乏部分资金，就需要面临此约束。第二个是时间约束。第三个是空间约束。例如，在进行港口设计时，某些运输轨道是有社会限定的，某些区域是不能放入轨道的。

目标函数在经济社会系统仿真领域有两大类：一类是收益最大化；另一类是投入最小化。从这两大类可以扩展开来选定目标函数：最大利润、最高生产率、最少流动资金占用量等。设计系统模型的目标函数时应当综合考虑多方面因素，例如，在决策中加入效用和风险偏好。现有 100 元，不同的人有不同的用法，金钱对他们的效用是不同的，若一个人的收益是 500 元，另一个人的收益是 200 元，则收益为 200 元的人对金钱的效用就差一些。微观经济学中对于风险和效用已经研究得比较成熟，在模型设计时宜考虑风险和效用。风险厌恶、风险中性和风险偏好相关的数学模型日趋成熟，可以作为系统模型的参考、借鉴。同时，应充分考虑决策者面临的决策环境，在有限理性条件下考虑风险偏好对决策者的影响，以使研究更科学、更贴近现实。

1.2　系统模拟及其一般流程

系统模拟一般采用 1 个服务台或者多个服务台的队列模型，这是一个离散系统。将离散系统的一些特征进行分解，离散系统的系统状态（即参数和变量）在某些时间点上发生变化，在这些时间点之间保持不变，如图 1.1 所示。

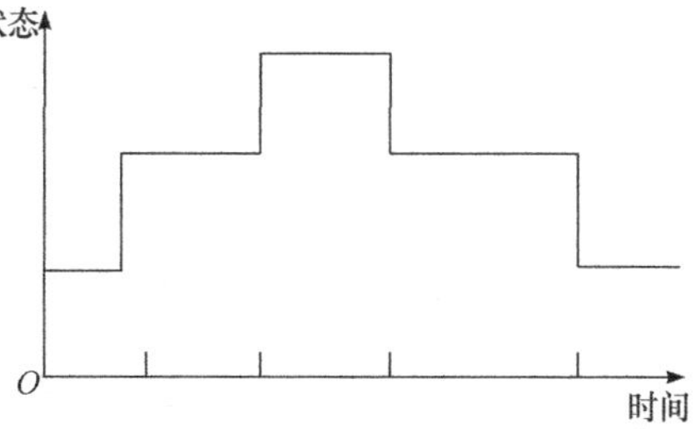

图 1.1　离散系统的系统状态

参数和变量的变化都是系统状态的变化。在这些变化点之间称为事件的发生。系统模拟有两个任务：一是展示管理系统模拟的操作过程；二是实现系统模拟的社会应用。

系统模拟的过程如下：首先，确定输入、输出、参数和变量、目标函数；然后，选择中间的数学模型或者未知的黑箱模型来进行运算和迭代。

如图 1.2 所示，输出响应由 Y_1, Y_2, Y_3 表达，Z_1, Z_2 为不可控变量，也是部分随机复杂性的来源。通过调整决策变量 X_1, X_2, X_3，多次仿真后，观察输出响应 Y_1, Y_2, Y_3 的优劣，判定决策变量 X_1, X_2, X_3 的理想选择。系统模拟模型与确定性数理模型的最大不同在于存在多种不可控变量 Z。

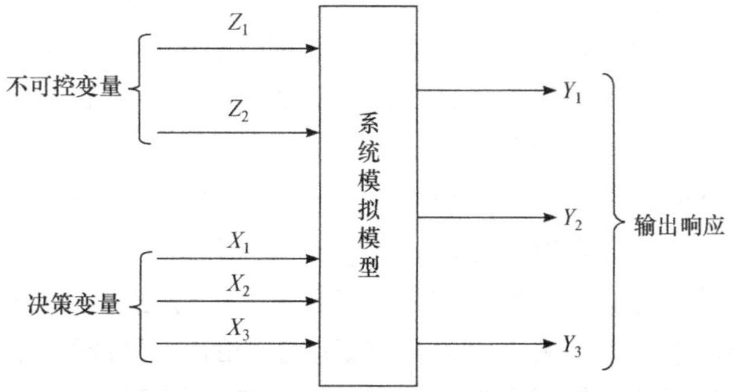

图 1.2　系统模拟模型的决策变量与不可控变量

系统模拟的一般流程如图 1.3 所示，此流程遵循常见的概念、逻辑、计算机递进顺序。首先，问题描述与系统定义，分层次地把问题描述出来，可以采用文字、语言的形式，也可以采用逻辑模型或公式的方式。其次，建立系统模型，例如，选择生长模型或某数据模型。再次，收集和整理数据资料，系统仿真领域有很多不确定。例如，排队吃饭时，到达服务台的顾客数量是不确定的，需要将单位时间内到达的顾客数量记录下来，看他们是服从什么分布的，这个时候就需要进行数据拟合实验。最后，建立模拟模型，如研究心理距离时建立的数学模型，输入变量后，模拟模型就建立好了。

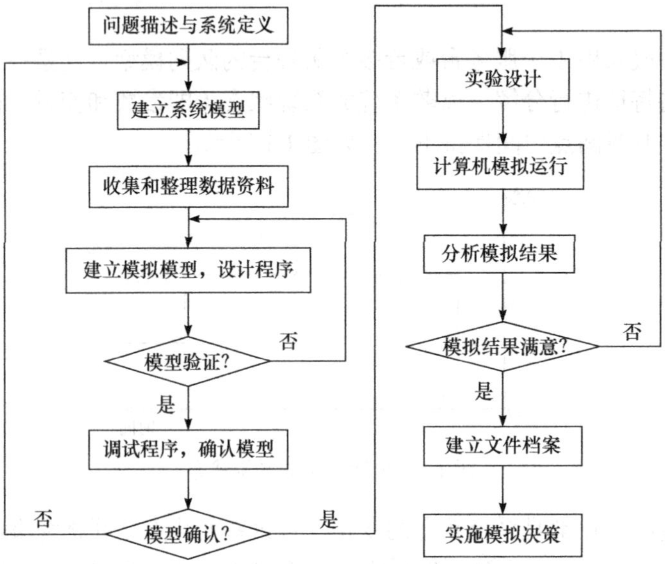

图 1.3　系统模拟的一般流程

系统模拟是分层次递进的。如同数据库设计中数据流程图（data flow diagram，DFD）制作过程：首先，设计 0 层 DFD，它包含输入和输出以及中间的处理系统；然后，设计 1 层 DFD，它是 0 层 DFD 的分解和细化，也有可能继续设计 2 层 DFD，开展问题描述与系统定义、建立系统模型、收集和整理数据资料、建立模拟模型→设计程序、模型验证（验证是为了确定模型是否按照意图来建立）；最后，进行模型确认，由委托方完成。

例如，现在食堂的经理发现饭点排队时间过长，欲雇佣更多的人来解决这一问题，这就需要更多的投入。如果顾客满意，就能够达到收益最大化；如果顾客不满意，就会受到批评；但是如果收益不是最大化，年终还需要接受考核。如果经理委托你解决这一问题，就需要建立模型，并进行模型确认。

在进行实验设计时，按照经理的需求，提出的方案是增加窗口数量。例如，分别增加 15 个窗口和 21 个窗口，再加上现在的状态（10 个窗口），一共有三种情况。分别进行实验，观察队列的长度。模型的参数是窗口数量，运行之后将出现三个结果，即三套仿真数据。经理若满意这个结果，可以将方案以图表的形式打印出来，或形成报告，即实施模拟决策。模型确认是指建立的模型由委托方来进行确认，确定是不是委托方想要的模型。系统模拟的流程图的左边大部分是模型设计者、开发者和用户（有的情况下，用户与委托方并不一致，如教育部委托开发仿真训练器，用户是不同高校）之间的沟通，右边是工程计算。

1.3 系统模拟实例

首先，回顾有2个服务台的排队模型：现有一群顾客请求服务，到达顾客数量的分布是不确定的，可能服从三角分布，也可能服从泊松分布，等等。顾客来这里是接受服务的，如果服务台空闲，顾客就会接受服务；如果服务台繁忙，顾客就会在椅子上等候；但是若椅子满座，顾客就会离开。

然后，介绍系统模拟的实例：手工模拟。将10个顾客到达服务台并接受随机服务的时间记录下来，如表1.1所示。表1.1也可看作随机生成顾客到达、接受随机服务并离去的事件表。

表1.1 顾客的到达时间和服务时间 （单位：min）

顾客编号	到达时间	服务时间
1	3.2	3.8
2	10.9	3.5
3	13.2	4.2
4	14.8	3.1
5	17.7	2.4
6	19.8	4.3
7	21.5	2.7
8	26.3	2.1
9	32.1	2.5
10	36.6	3.4

此例的主要问题是提高顾客满意度，此目标可以从多个角度考虑：顾客平均等待时间（等待时间太长是不好的）；椅子数量（坐着等待比站着等待好，相应的问题是“设置几把椅子合适？”）；队列长度；平均服务时长（顾客和商家都会考虑）；需要几个服务台才能使队列长度（或者以80%的概率）小于4（服务台少且顾客等待时间长会流失顾客，服务台太多会有闲置和冗余投入）。

想要解决这个问题，首先要把顾客到达的不确定用手工数据表现出来，这可由观测得到。假设它服从均匀分布Random(a,b)，其中，b、a 分别表示上下限。通过这种方式可以把顾客到达的不确定再现出来。然后要表现服务台占用率的不确定。概率统计中经典的社会模型服从指数分布。采用这个模型计算第1min、第2min、第3min……服务台的占用率。输入当前的时间，就能知道服务台是否占用。把队列长度作为参数，如果队列长度是零，服务台就显示空闲，不需要计算占用率；如果队列长度不是零，服务台就显示繁忙，同时显示占用率。计算出这两个不确定后，就可以用时间轴进行迭代。队列长度、服务台的占用率、到达顾客数量、离去顾客数量都是参数和变量，每分钟的情况都要重新代入参数和变量进行计算。将这些参数和变量值按时间轴记录到二维坐标系中，就可得图 1.4 所示的系统状态图。

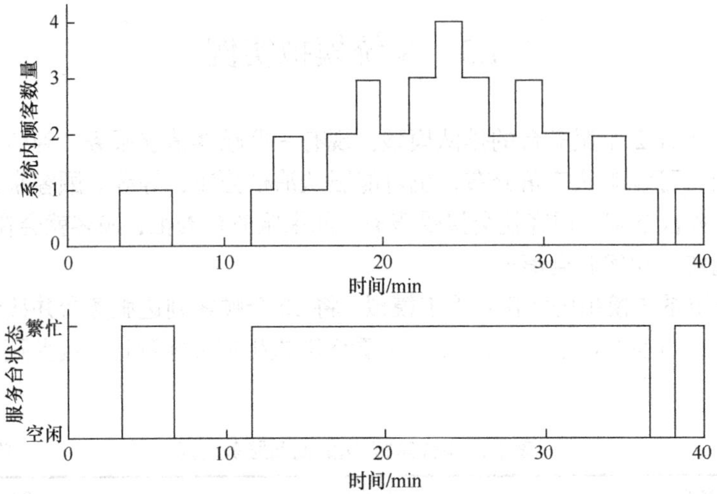

图 1.4　系统状态图

这是用语言描述的多服务台模拟情况，还需要将这些语言与数字对应。这里有两种方式。第一种方式是在进行服务台设计之前，先把顾客的到达情况计算出来，形成列表，再把服务台的占用率、服务台的服务时长计算出来，这些都是不确定的。如果这些参数和变量都计算出来了，第 1min、第 2min、第 3min……系统内的顾客数量就能计算出来。第二种方式是在系统的每分钟拍照，每分钟的队列长度是不一样的，这些参数和变量值就都显示出来，形成数据列表，统计可得第 1～10min 的平均队列长度和平均服务台占用率，以及顾客数量、离开时间、服务时长等在不确定情况下的仿真输出，结果可以显示顾客的离开情况、服务台空闲率等，同时能进行对比研究。

对于问题“设置几把椅子合适？”，首先是“几把椅子”，其次是“合适”，要将这两个要求转化为具体的可操作变量和可计算的表达式，综合考虑椅子的成本、服务台的平均服务时长等。对于综合性问题“需要几个服务台才能使队列长度（或者以 80%的概率）小于 4？”，建立 2 个服务台模型，再加 1 个服务台，形成两个模型，输出两套数据。将这两套数据进行对比，发现其中的规律，得到结论。将上述数据记录下来，得到表 1.2 所示的顾客在系统内的状态记录。

表 1.2　顾客在系统内的状态记录　　　　（单位：min）

顾客编号	到达时间	开始服务时间	离开时间	排队时间	系统内停留时间
1	3.2	3.2	7.0	0	3.8
2	10.9	10.9	14.4	0	3.5
3	13.2	14.4	18.6	1.2	5.4
4	14.8	18.6	21.7	3.8	6.9
5	17.7	21.7	24.1	4.0	6.4
6	19.8	24.1	28.4	4.3	8.6

续表

顾客编号	到达时间	开始服务时间	离开时间	排队时间	系统内停留时间
7	21.5	28.4	31.1	6.9	9.6
8	26.3	31.1	33.2	4.8	6.9
9	32.1	33.2	35.7	1.1	3.6
10	36.6	36.6	40.0	0	3.4

20 世纪 80 年代，黎志成教授在华中工学院管理科学系开展工业企业物资运输模拟研究时，先手工计算，设计和确定仿真流程，再制作计算机 FORTRAN 程序，其基本流程就是上述手动操作过程的计算机程序实现。

1.4　系统仿真在各领域的应用

系统仿真在社会各领域的应用十分广泛，下面介绍系统仿真在典型领域的应用。

（1）在武器装备领域的应用，涉及地面武器驾驶训练、系统集成训练、针对特定战场的战前训练等。该领域实物操练成本太高、损耗太大、机会成本太高。例如，坦克驾驶训练中耗油巨大、易污染环境、对道路地面破坏严重，而坦克驾驶模拟器的使用成本很低，又不会产生次生危害，因此坦克驾驶模拟器使用比较广泛。

（2）在工业领域的应用，涉及虚拟设计、虚拟制造、虚拟机等。在计算机虚拟仿真出现之前，工业设计制造的试验件往往使用缩微模型，例如，大型车船发动机曲轴需要制作一个比例尺为 1∶5 的试验件在试验台上进行疲劳试验；装配阶段可能要多次制作样品。采用系统仿真设计，在装配公差配合、装配效率提升、成本降低、时间节约方面取得了很好的效果。

（3）在教育与训练中的应用，涉及电力机组的运行训练、化工厂机组的运行训练、核电机组的运行训练、突发情况下的应急处理程序训练等。该领域操作运行不当在经济或安全性上会有严重后果，故存在较多的运行管理模拟训练。例如，核电机组操作动作复杂，操作不当的后果严重，通过计算机模拟再现操作训练场景，可以模拟操作失误的各种极端严重后果。

（4）在交通、生物、医学中的应用，例如，三维人体模型，通过计算机虚拟程序，比文字和一般图形更生动地展示人体各组织器官分布、特征等，且成本低廉、传播方便，在大众医学教育和普及中效果良好；仿真细菌细胞的微观成长、宏观扩散演化过程，主要用于研究传染病传播规律和控制措施；交通负载的运行模拟，主要用于模拟生成各类人群，以观测工程设计方案，或者进行人员流动管制措施的预期效果比较，在公共市政工程和管理运行部门应用较多。

在实际应用中，应当根据问题本身特征，如属性是否可测易测、内部结构是否清晰、成本、同类问题的前人解决路径，结合上述一般性的行业应用介绍，综合考虑决定能否和是否采用系统仿真方法。

第 2 章　离散事件模拟原理

离散事件模拟是系统仿真知识体系中最重要的、最基础的知识构成。理解和掌握离散事件模拟，对于系统仿真的基本架构和操作过程就会形成比较全面和清晰的认识。本章主要介绍离散事件模拟的基本概念、评价以及如何采用工具来实现离散事件模拟。

学习任何知识体系，都要首先学习并掌握其基本原理和方法，然后练习其实现和应用，从而达到理论工具应用的目的。如同学习数据库，其一般路径如下：首先学习数据库的基本概念，学会用语言或者逻辑数据描述的方式构建一个数据库；然后选择一个数据库平台实现数据库；最后实现其应用，例如，制作库存系统、超市的进销存系统等。本章从原理、方法、实现和应用这四个方面来学习离散事件模拟。

2.1　基 本 概 念

2.1.1　离散事件模拟术语

离散事件模拟涉及实体、资源、输入输出图、事件和系统状态、活动进程、模拟时钟等概念。这些概念形成了离散事件模拟的最基本架构，我们需要非常清晰地认识和分解这些概念。

1. 实体

例如，食堂制作馒头有这样的过程：准备原材料；动手制作；馒头制作好之后要放一段时间进行发酵。在这个过程中，馒头经历的一道道工序称为实体。

2. 资源

资源是处理实体的设备和人员。例如，把制作馒头的原材料进行加温的装置就是一个处理实体的设备。又如，人在制作馒头的工序中可以扮演搬运工的角色，这是处理实体的人员。这里需要注意，人在公众场合有时属于实体，有时属于资源。对于理发店，顾客就是实体；对于食堂，制作馒头的人不是这个系统中被加工和被处理的对象，而是资源。

3. 输入输出图

输入输出图是从一些问题分解后的某些属性中筛选出所关心的指标。离散事件模拟是对一个系统的运作过程进行模拟，当将系统的运作过程完成之后，是否也能形成一个类似输入输出图的框图呢？假设制作馒头时，x_1是发酵时间，x_2是温度，输出 y_1是单位时间内馒头的产出数量，输出 y_2是人工投入和总体产出之比。整个过程运作完成之后，也能够形成一个框图，并且这个框图是正确的，可以用它进行系统评价。

4. 事件和系统状态

系统仿真中的不确定是通过各种随机函数来表达和实现的。在排队模型中，我们观测到到达顾客数量服从泊松分布，运行泊松分布的函数，可以得到每分钟的到达顾客数量。前述例子中，在第 1min 之后，系统会出现一个状态的变化，例如，服务台由空闲变为繁忙。在任意时刻，对系统的现状描述称为此时刻的系统状态。引起系统状态发生变化的现象称为事件。

本书介绍两种事件。一种是时间事件。时间事件是指事件在预定时间点会发生。例如，制作馒头的设备是需要清理维护的，每隔两天需要对制作馒头的设备的排水管道进行除垢，这就是一个时间事件。又如，人有高潮期和低潮期，当人处于低潮期时，情绪比较低落，这也归为一个时间事件。事件分类中也可以加入类似研究，例如，可以研究班级里的非正式群体的形成过程。清华大学出版社出版的《组织行为学》一书介绍了非正式群体的特征、产生过程，以及非正式群体如何受到其他因素影响等，可作参考①。例如，群体成员之间私下多次进行沟通交流，如打电话、见面聊天等，就容易产生心理距离的变化。人和人之间都有物理距离，虽然两个人的物理距离相隔 2m，但是他们的心理距离可能很近，也可能很远。

人们在组织行为研究中取得了一定的、可测量的研究成果。组织有自己的演绎和变化阶段，可以在其中加入时间事件。例如，一个人从出生到生长直至死亡，在不同的生命周期阶段，其行为是可以预测的，当其生长曲线处于上升阶段时，可以预测其进取心的变化。

简而言之，工业设备需要定期清除污垢、维护保养，这是时间事件；组织和群体也具有类似的时间事件，例如，群体意见超过阈值后产生聚集事件，等等。

另一种是触发事件。触发事件是指事件满足某些条件会发生。例如，编程中有一个满足条件，if a and b，即当 a 和 b 都是 true 时，这个事件就可以执行。

事件的发生会引起系统状态的改变，如引起队列长度的变化、引起服务台的空闲和繁忙的变化。

5. 活动进程

活动进程是做某件事情的进程，是指对实体和资源进行加工处理。活动可以进行分解，一旦资源不再用或者使用时出现故障，活动进程中就要列出逻辑。例如，现在服务台空闲，同时安排一个事件：服务台出现故障，现在不能排队或者将要排队的顾客转移到另一个服务台。活动进程中就要加入这些逻辑。活动和进程容易使学习管理系统模拟的人感到困惑。“进程”这个词语在计算机操作系统中出现过。以 Windows XP 系统为例，当打开一个程序如 Word 时，进程就是在内存段页空间中开辟了一部分空间。这就存在两种情况：一种情况是打开 Word 之后关闭 Word，Word 进程结束；另一种情况是

① 张德. 2011. 组织行为学[M]. 2 版. 北京：清华大学出版社.

打开 Word 的同时打开 QQ，Word 进程不会关闭，而是会切换。实际上，存在压栈保留当前进程状态等微观动作，Word 进程仍在运行，只不过少了前端交互。管理系统模拟中活动进程是指此项活动持续且并未放弃相关资源占用。需要注意，系统仿真中没有栈一类的结构，进程进行中资源就是占用的。

6. 模拟时钟

格林尼治时间是指位于英国伦敦郊区格林尼治天文台的标准时间。北京时间和格林尼治时间大约相差 8h，但是这两个时间是同一个时间，它们是基于同一个时间标准来设置的。除此之外，民间传说中，“天上一日，地下一年”，这两个时间的维度和轴是不一样的。例如，排队模型中提到的第 1min、第 2min、第 3min……这个时间显然比格林尼治时间慢得多。任何一个时间都可以看作一个“钟”，只是有的“钟”快一些，有的“钟”慢一些。

系统仿真研究中还涉及仿真粒度。例如，华中科技大学曾制作过三峡船闸的运行模拟系统，目的是训练船闸操作人员，防止发生运行意外。船闸操作分为三级，用实体的船闸来训练是不可行的，会耗费大量的时间和金钱，最重要的是训练效果可能很差。现有可以容纳四个实体的模型，考虑意外情况，必须要放入第五个实体，建立不同的船闸模型，以观测是否可行。这需要用计算机模拟来实现，且系统中模拟时钟的路径一定要快。例如，模拟系统中一级船闸的排水时间不能设置为 8h，可以是 8min，也就是说，三峡船闸实际系统中 8h 排水的情况在模拟系统中运行只需要 8min，即用 8min 来模拟 8h，这就是模拟时钟。在运行模拟系统时，时间分成格林尼治时间、时间轴、系统运行时间。

2.1.2 离散事件模拟分类

20 世纪 80 年代，学者就对系统模拟进行了分类。第一类是以事件为基础的；第二类是以活动扫描为基础的；第三类是以进程为基础的。20 世纪 80 年代，Windows 系统还未出现，工程与科学领域研究较常使用 UNIX 和 DOS 系统。运用的语言也不是现在所熟悉的各种快捷高级语言，而是 FORTRAN 等结构化语言。实现系统仿真模拟的方式如下：第一种方式，如果想证明食堂到达的顾客数量服从泊松分布，可以在最开始时把这些值都计算出来。先定义一个数组，写入第 1min、第 2min、第 3min……到达的顾客数量，再定义一个数组，食堂工作人员打饭时间是随机的，可以通过观察或查询刷卡机得到。假设现在只有一个队列和一个服务台，每分钟到达的顾客数量和打饭时间都已经得知，那么队列长度也能通过这些条件获得。第二种方式，实时计算第 2min 的状态，得出到达的顾客数量，再由不同情况可以衍生不同的分类。

2.2 模拟时间推进机理

1. 下次事件法

下次事件法是指将模拟时间从一个事件发生的时间点推进至紧接着的下次事件发生的时间点。

系统模拟时钟按照事件发生的先后顺序，依次调用各种事件的处理程序，在每次事件处理后向前推进一步。在这种时间推进机制中，系统的随机性由各种事件的处理程序生成。例如，在本次事件处理中服务台随机发生故障，则服务台数量减一，这在系统开始处理时是不能预测和计划的。

2. 固定时间步长法

以固定时间步长推进系统模拟时钟，在每步推进时扫描哪些事件是被安排在此段时间内发生、调用的。系统模拟时钟每次以固定时间步长向前推进。在这种时间推进机制中，系统模拟时钟在每次推进之后，都要计算和扫描这一步中按照随机性可能发生的事件，调用相关事件处理程序，改变系统状态，在下一步推进中按新的状态进行迭代。

2.3　离散事件模拟的评价

以下以排队系统模拟为例，进行离散事件模拟的评价。分析排队系统时，通常涉及的因素如下。

（1）顾客到达的速率或相邻顾客到达的间隔时间，呈确定性或随机性。

（2）服务速率或单位顾客的服务时间，呈确定性或随机性。

（3）服务员或服务台的数量。

（4）顾客排队规则，有先进先出、后进先出及其他优先级规则。

（5）排队列数，有单列和多列。

（6）队列容量，有有限队列和无限队列。

评价排队系统性能的主要指标如下。

（1）顾客在系统内的平均停留时间：

$$\bar{d}=\frac{\sum_{i=1}^{n}d_i}{n}$$

（2）系统内的平均顾客数量：

$$\bar{q}=\frac{\sum_{j=1}^{m}\left[q_j\cdot\left(t_j-t_{j-1}\right)\right]}{T}$$

（3）服务员负荷率：它等于服务员繁忙时间之和与整个模拟时间之比。

2.4　M/M/1 排队系统模拟

2.4.1　模拟对象

20 世纪 50 年代初，肯德尔（Kendall）采用嵌入马尔可夫（Markov）链方法研究排队论，使排队论得到了进一步的发展。他用 3 个字母组成的符号 *A*/*B*/*C* 表示排队系统，其中，*A* 位表示顾客到达时间分布，*B* 位表示服务时间分布，*C* 位表示服务机构中服务台的数量。M/M/1 是指顾客到达和服务时间都是负指数随机分布的单服务台排队问题，其中可能出现的符号有 M（负指数分布）、D（确定型时间分布）、Ek（*k* 阶埃尔朗分布）、GI（一般相互独立分布）、G（一般随机分布）等。其他特征如下。

（1）相邻顾客到达的间隔时间为均值等于 1min 的指数分布随机变量。

（2）单位顾客的服务时间为均值等于 0.5min 的指数分布随机变量。

（3）规则为先进先出。

（4）队列容量为 100 个顾客。

（5）模拟的终止条件为服务完第 1000 个顾客。

2.4.2　事件

排队系统模拟最初的基本思想是，将系统内事件响应分别制作成子程序，当模拟时钟推进时，定时子程序按事件表调度各事件（包括从中生成事件）处理程序，改变系统状态。主要包括两类事件：第一类事件——顾客到达事件；第二类事件——顾客在服务结束后离开系统事件。事件处理子程序如表 2.1 所示。

表 2.1　事件处理子程序

子程序（函数）名称	功能
init	系统初始化子程序
timing	定时子程序
arrive	处理第一类事件子程序
depart	处理第二类事件子程序
report	报告输出子程序

2.5　排队系统模拟的控制流程

2.4 节首先介绍了排队系统模拟的一般原理和步骤，然后介绍了实现 M/M/1 排队系统的模拟过程，最后介绍了如何将一个功能分解成子程序。在排队系统中进行结构化程序设计的一般流程如图 2.1 所示。

（1）预置程序 init。首先设定模拟开始时间，然后初始化系统状态、统计计数器等，最后初始化事件表。初始化事件表是由一系列到达事件计算获得的一个到达事件的列表。

（2）主程序 main。它分为调用定时子程序和调用事件子程序。如果系统比较简单，只需调用一个子程序即可；如果系统相对复杂，就需要分门别类地调用子程序。按照面向对象的方法，将所有的方法都做成一个“类”的方法。

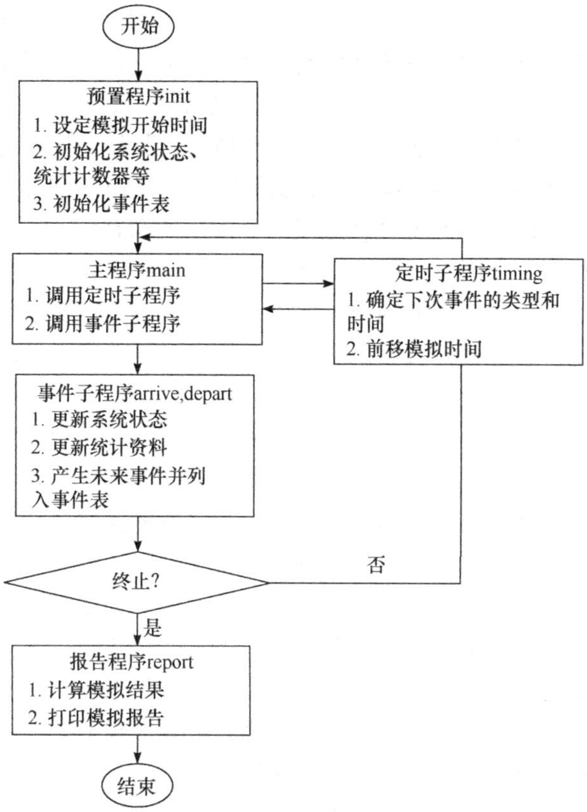

图 2.1　排队系统模拟的流程

（3）定时子程序 timing。确定下次事件的类型和时间，并前移模拟时间，即 $t=t+1$。

（4）事件子程序 arrive, depart。首先更新系统状态，然后更新统计资料，最后产生未来事件并列入事件表。例如，到达事件发生后，就应该改变队列和服务台的状态（也可能不变）；离去事件也是一样的，当队列没有人时，离去事件发生。这说明已经没有顾客了，服务台应该空闲。那么为什么会产生未来事件并列入事件表呢？如果用最简单的方式列入所有产生事件，同时列入服务台所有的失败事件（突然空闲），事件表就是已知的。例如，在 t 到 $t+1$ 的过程中计算是否会产生服务台的失败事件，如果用这种方式计算，就会产生未来事件并列入事件表。排队系统模拟就采用这种方式，而不是提前列出所有的事件表。

（5）判断是否终止。如果终止，就结束并计算模拟结果，打印模拟报告；如果不终止，就返回程序，继续迭代。

2.6　库存系统模拟

2.6.1　基本概念

离散事件模拟在模拟系统中应用最多、最普及，其概念和模型也是最基本的。学会离散事件模拟，就能掌握模拟系统的基本架构。2.5 节介绍了排队系统模拟，本节介绍另一种应用广泛的离散事件模拟——库存系统模拟，它在企业制造流程与成本控制、零售业仓库与成本控制中比较重要。沃尔玛成功挤倒凯玛特（K-Mart）就是凭借其优异的仓库管理与低成本优势。例如，药店最希望做的事情是在药品失效期之前将药品卖出。为保证销售，就要考虑在不同库存情况下的打折策略：是提前半个月打折还是提前一个月打折？是降价 50%还是降价 60%？这些都是需要解决的问题。

工业生产中有很多库存系统，如分级库存系统、供应商管理库存系统等。分级库存系统是指一级经销商有库存，下面的分销商没有库存。例如，海尔所有分销商都没有库存，库存在海尔总部。各分销商只需上报生产计划，海尔总部进行产品生产，分销商签收的订单直接由海尔总部发货。

在农业生产中，也很有必要对蔬菜库存管理系统或者基于库存理论的蔬菜储运进行研究。以生鲜蔬菜问题为例，某市场上生鲜蔬菜售卖价格是 4 元/斤，而生鲜蔬菜在产地的收购价格只有售卖价格的 10%左右。这是一个很严峻的问题，劳动者辛勤劳作但分到的收益最少，是一种负向激励。收入低、分配利益少的人的消费需求往往较大。一旦得到资金，他们的现有需求就会变成有效的消费需求。经济学中有效的消费需求是“我想买，同时有钱买”，因此这部分人对消费就能产生较大的作用。生鲜蔬菜从产地到销地最长需要 48h，如果把生鲜蔬菜放在地里一两天（相当于库存延时），对生鲜蔬菜的供求会产生什么样的影响？其收益会发生什么变化？这些也属于库存系统问题。

人们进行库存系统模拟时通常考虑的属性如下。

（1）订货方法，如定量订货法（货点法）、定期订货法等。定量订货法是指在一定的订货点进行订货，该方法比较简单。现实生活中的订货非常复杂，如赊销订货法。

（2）订货点。当库存降到一定程度时，就会触发订货行为。所有资金都是成本，每天订货批量是不一样的，这会对公司的收益造成影响。

（3）订货批量。订货批量即订货数量。订货批量差异对公司的流动资金是有影响的，流动资金也是成本。

（4）检查间隔期。库存是变化的，也是随机的，它会出现意料之外的变化。

（5）最高库存量。库存数量是有限制的。

（6）保险库存量。保险库存量是指仓库的最低库存量。之所以存在仓库，是因为仓库具有缓冲功能。生产和销售都是需要周期的，如果没有缓冲就会出现供不应求的情况。

这六点构成了库存系统的主要决策变量或参数，也是库存系统中最基本的概念，每个点都可以延伸出有实际意义的问题。

库存系统性能的影响因素如下。

（1）库存货品的需求规律。例如，商家销售空调时需要知道不同时间顾客对空调的需求量，或者天气对顾客需求量的影响，因此，模型的输入变量为时间、温度等。

（2）订货提前期及供应间隔期，反映不同货品的供应规律，主要是指生产周期，如生产一台空调的提前期。

（3）库存量，在整个模拟过程中以变量的形式存在。

（4）缺货数量。

（5）每次订货费用。

（6）每次检查费用。

（7）单位货品单位时间的库存维持费用。库存也是需要成本的，如仓库本身的成本、温度和湿度控制成本。

（8）单位货品单位时间的缺货费用。

（9）货品单价。

（10）订货次数。

（11）利息率。

就像排队系统中的评价指标有服务台的繁忙和空闲之比、队列的平均长度、系统内排队顾客数量超过椅子个数的比例、顾客在系统内的平均停留时间等。通常在研究库存系统时，不仅需要进行影响因素的筛选和设定，而且需要进行系统评价。

库存系统的评价指标如下。

（1）服务水平。服务水平是指库存系统满足产品需求的程度，它等于已满足的累计需求数量与累计需求总量之比。

（2）库存总费用，如订货费用、库存维持费用、缺货费用等。

（3）库存货品流动资金占用量。该指标通常涉及下列类型的事件：①货品需求发生事件；②货品到达事件；③库存检查事件；④必要时安排订货事件；⑤模拟运行终止事件。

2.6.2　单项货品随机库存系统模拟

1. 模拟对象

先把库存系统各方面细化成若干公式，再介绍基本的操作示例。在了解库存系统模拟的概念、影响因素、输入输出、评价指标的选取之后，需要将其代入公式，这就用到模拟对象。

例如，库存货品需求的发生时间间隔为均值等于 0.1 个月的指数分布随机变量。每次货品需求量 D 是独立的离散型随机变量：

$$D=\begin{cases}1,\ 概率为1/6\\2,\ 概率为1/3\\3,\ 概率为1/3\\4,\ 概率为1/6\end{cases}$$

库存系统采用定期订货法，即按月检查库存，将库存量 I 与订货点 R 进行比较，以决定订货批量 Q：

$$Q=\begin{cases}M-1,\ I<R\\0,I\geqslant R\end{cases}$$

式中，M 为最高库存量。

当需求发生时，若库存量大于或等于需求量，则需求量得到满足。进一步，若库存量减去需求量为正，就形成实际库存量，记为$I^{+}(t)$，为此需支付库存维持费用。

若需求量大于库存量，则超过的部分就是缺货数量，假设可以由以后的到货来满足，此时库存量减去需求量为负值，记为$I^{-}(t)$，为此需支出缺货费用。

订货提前期为在(0.5, 1)的均匀分布随机变量。

以月均库存总费用来衡量系统工作性能：

$$\mathrm{ACOST}=\mathrm{AORDC}+\mathrm{AHLDC}+\mathrm{ASHRC}$$

式中，ACOST 为月均库存总费用；AORDC 为月均订货费用，由订货次数和每次订货费用决定；AHLDC 为月均库存维持费用；ASHRC 为月均缺货费用。

月均库存维持费用为

$$\mathrm{AHLDC}=h\frac{\int_0^n I^{+}(t)\mathrm{d}t}{n}$$

式中，h 为单位货品的月均库存维持费用；n 为模拟期；t 为模拟时钟时间。

月均缺货费用为

$$\mathrm{ASHRC}=\pi\frac{\int_0^n I^{-}(t)\mathrm{d}t}{n}$$

式中，π 为单位货品的月均缺货费用。

假设系统的初始库存量 $I(0)=60$，模拟期 $n=120$。进行系统模拟，以月均库存总费用为准则，对表 2.2 所示的 9 个库存订货策略进行比较与分析。

表 2.2　订货点和最高库存量策略

R	20	20	20	20	40	40	40	60	60
M	40	60	80	100	60	80	100	80	100

2. 模拟运行

模型设定四类事件表如表 2.3 所示。

表 2.3　事件表

事件类型	事件内容
1	货品到达
2	货品需求发生
3	模拟运行终止
4	检查库存（必要时订货）

应用 FORTRAN 语言编制模拟程序，除主程序以外，还编制了若干子程序或函数，如表 2.4 所示。

表 2.4　子程序或函数

子程序或函数	主要功能
init	系统初始化子程序
timing	定时子程序
ordarv	处理货品到达事件
demand	处理货品需求发生事件
report	报告输出子程序
review	处理检查库存事件
update	更新 $I^{+}(t)$和 $I^{-}(t)$的时间积分
expon（rmean）	均值为 rmean 的指数分布随机变量生成函数
randi(Z)	离散型随机变量生成函数，其中 Z 是随机数取值的值域
unifrm(A, B)	在[A, B]上的均匀分布随机变量生成函数

模拟的输出结果如表 2.5 所示。

表 2.5　各订货策略输出结果

订货策略		月均库存总费用	月均订货费用	月均库存维持费用	月均缺货费用
R	M				
20	40	123.92	98.80	8.91	16.21
20	60	125.57	92.77	15.98	16.82
20	80	118.24	82.95	27.04	8.25
20	100	126.13	82.07	35.96	8.10
40	60	125.71	98.13	26.24	1.34
40	80	123.57	86.72	35.98	0.87
40	100	134.35	87.68	45.15	1.52
60	80	145.69	101.20	44.29	0.20
60	100	144.09	89.16	54.93	0.00

【问题联想和扩展】 以理发店为例进行离散事件模拟，则系统中应当抽象哪些实体（顾客、理发师）？这些实体分别有哪些属性（排队时间、等待时间、系统内停留时间）、事件（顾客到达、顾客离去……）、资源（椅子、剪刀）？模拟目标是什么（顾客等待时间最短或服务台负载率最高）？厘清上述问题，即可采用上述路径进行仿真。

2.7　基于某种仿真软件的模拟

因为编程工作量大且复杂，所以应尽量避免手工编程。收银台设计、银行柜员设计、城市交通管理等管理任务仿真中通常采用专业仿真软件。

本节以 AnyLogic（官方网址为 www.anylogic.com）为例进行介绍。AnyLogic PLE 为个人学习版本，可免费下载，其功能强大（离散事件、连续系统、多智能体、Petri 网等都在同一平台下实现，且能够进行多方法集成建模），足够用于学习和教学。AnyLogic 基于常见的 Java 语言开发，采用 Eclipse 通用开发平台，拥有友好而简洁的现代编程风格，在教学科研、工业企业、军事管理中得到越来越多的应用。

本节以理发店为例，进行基于 AnyLogic 的应用。在具备理论知识基础的前提下，我们掌握了离散事件模拟基本原理，理解了实体、属性、事件的含义，以及多种不确定存在时系统复杂性来源。欲从系统内抽象出实体、加工、队列、事件等，在 AnyLogic 中将其用相应的符号表达出来，并将处理逻辑用适当的方式表述出来。

顾客，即要理发的人，是临时实体，由 Source 控件产生，如图 2.2 所示。

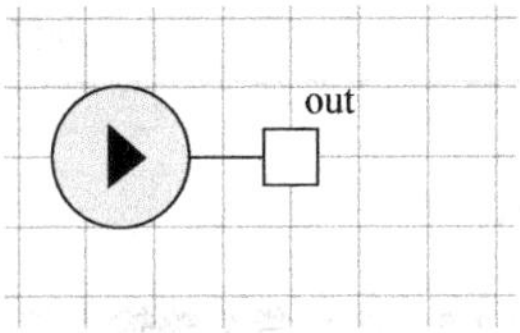

图 2.2　Source 控件

顾客到达的时间间隔服从参数 λ 的指数分布：

$$p(x)=\frac{e^{-\lambda}\lambda^{x}}{x!}$$

式中，λ 为 x 事件发生的速率，即单位时间内 x 事件发生的次数。

此外，顾客到达的时间间隔还可服从其他分布，如正态分布。

坐在椅子上等待的顾客是一组临时实体，在仿真运行中，于某段时间停留于系统内。在停留期间，其主要以各种等待队列形式存在。队列长度与总体服务水平、顾客消费体验等密切相关。

队列（queue）的主要接口如图 2.3 所示。

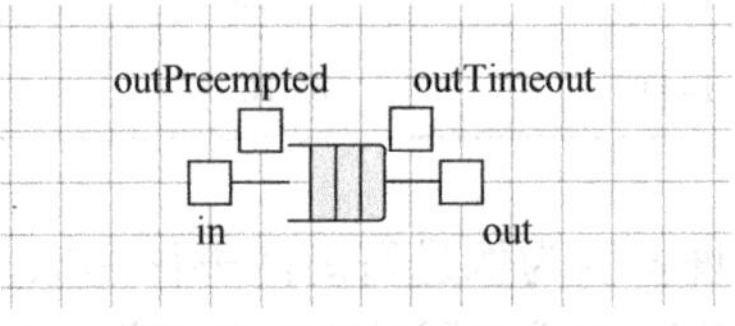

图 2.3　队列的主要接口

顾客可能等待后进入服务状态，也可能不用等待即进入服务状态，此时队列长度为 0。队列有 4 个出口：①outPreempted，由给定优先级预定义的出口；②outTimeout，因在系统内部等待时间太长而离开的出口；③in，实体进入服务的时间；④out，实体离开服务的时间。

理发过程是顾客接受服务的一段时间，由 Service 控件来实现，如图 2.4 所示。

在前面队列中有 outPreempted，这里 Service 控件的 outPreempted 其实是为多种可能预留的，并不重复，例如，某顾客等待之后进入理发阶段，理发师发现其头部有微伤，属于不宜进行理发情形，此时该顾客离开，就可在 Service 控件的 outPreemted 中出去。

resourcePool 控件代表了服务所需要的资源，如图 2.5 所示，理发师所必需的工具（剪刀、电吹风、梳子等）都可以用此表示。可以规定控件内的资源数量，例如，电吹风有几个，梳子有几把，并将其作为模拟的决策变量。

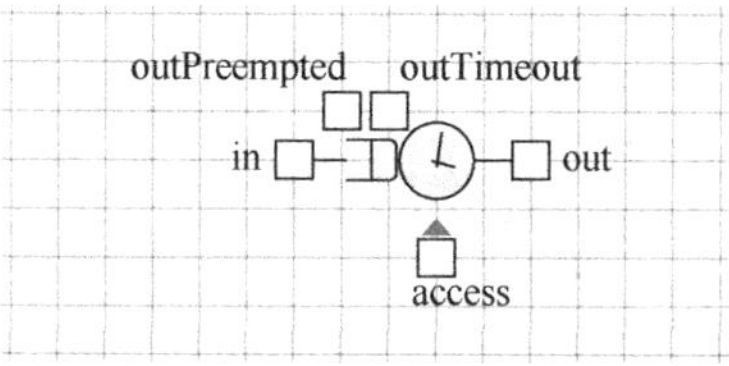

图 2.4　Service 控件

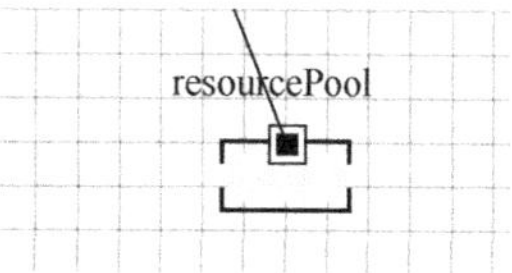

图 2.5　resourcePool 控件

实体的连接主要通过 Connect 控件实现，实体在系统内沿这些线流动，如图 2.6 所示。

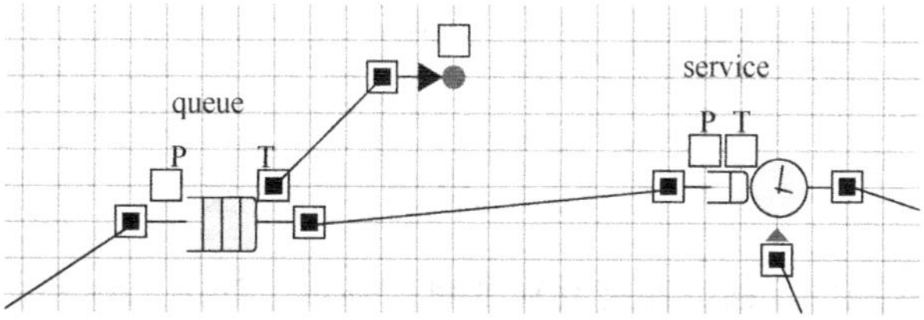

图 2.6　Connect 控件实现实体的连接

实体、加工、资源等都通过这些线进行连接。这样，一个基本的单服务台队列模型（涉及顾客到来、排队等待、接受理发服务、离去等）就可用 AnyLogic 表达出来，如图 2.7 所示。

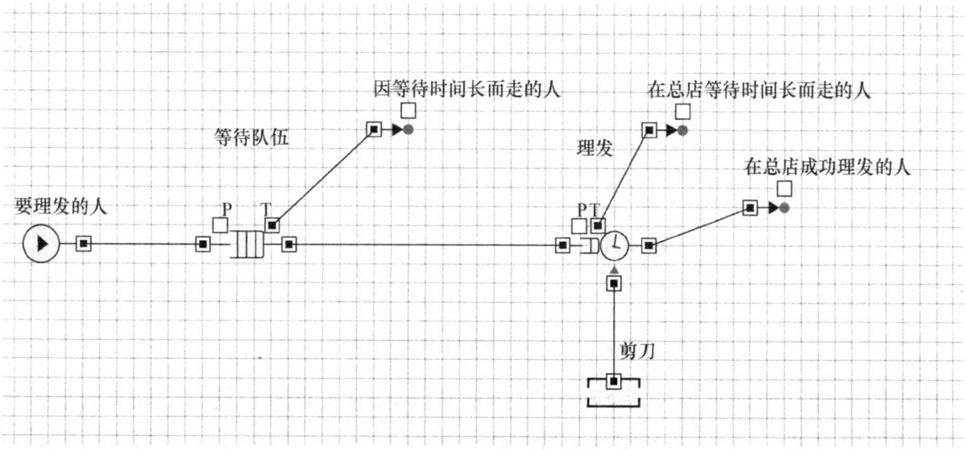

图 2.7　单服务台队列模型

建立模型后，可具体和细化各实体，并检查、编译和运行模型。

如果顾客太多，就会考虑开一个分店，同时考虑分店的剪刀数量约束。这时需要加入另一个 resourcePool 控件，+如图 2.8 所示。

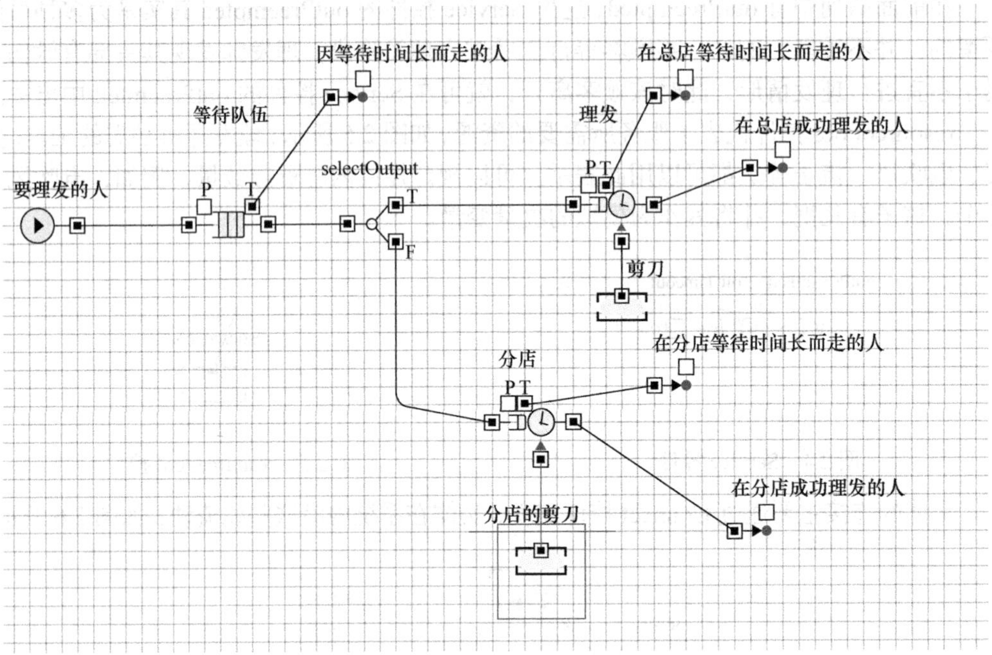

图 2.8　加入分店和剪刀资源约束

此外，还可加入洗头流程，使仿真粒度更加细致，如图 2.9 所示。

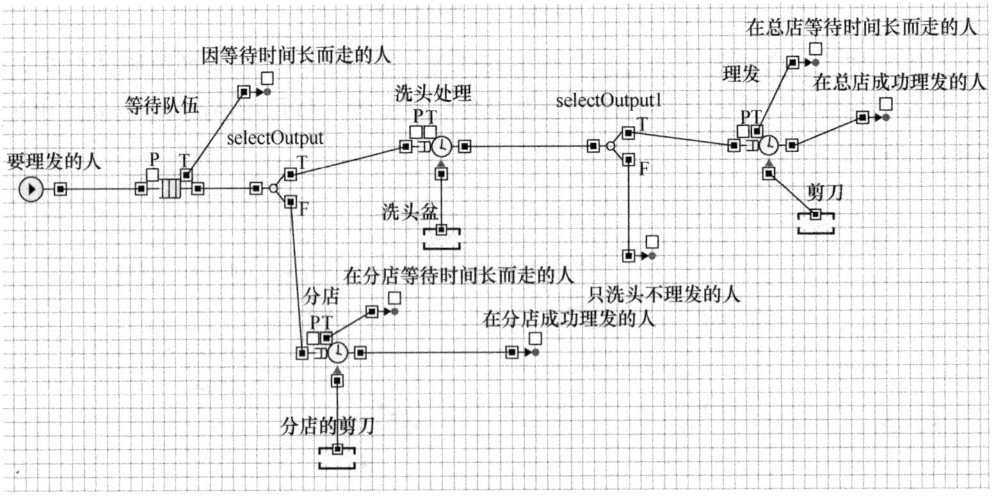

图 2.9　汇总形成两个店面模式

在输出部分，考虑对系统进行评价，因此要显示待观测值的属性，如在总店椅子上坐着等待的顾客数量。采用 Analysis 组的相关控件，将在总店椅子上坐着等待的顾客数量的变化画在二维坐标上。此组控件主要用于数据的图形化展示，能在系统运行过程中动态实时地收集并展示数据。一般使用过程如下：先将系统运行中所要输出并展示的数据与一个独立的、不可见的 Dataset 控件相关联，这样运行过程中的实时数据就由此 Dataset 控件收集；再将展示控件的坐标与 Dataset 控件中的属性列相关联。例如，Service 构件有一个默认队列，其属性 Queuesize 是公开的。调用此属性，将展示控件的 Value 设为 Main.this.服务名。Queuesize 的动态变化就能以控件图形方式实时展示。其实现思路与 MS.Net 中的 DataSet/DataView 组件类似。

第 3 章　伪随机数和随机变量的生成与检验

3.1　随机数的性质

若多种随机性共存，且各随机性的分布未知，随机性之间的独立性未知，则无法用概率论与数理统计知识体系进行问题求解。在利用经典概率进行多个不确定问题的求解时，需要进行简化处理，如用线性回归处理高度简化后的非线性问题（例如，开方后经判定符合线性相关，从而使原不能进行线性回归的问题改为可进行线性分析）。但这总归是一种简化变通的方法，用系统模拟方法可以充分细致地考虑多种随机性。

随机数生成的框架如下：首先，生成均匀分布的随机数；然后，将此均匀分布的随机数转换成所需要的、其他类型的随机数。随机性是指在一个确定的条件下会产生多于一种的输出，输出是未知的但其在一定程度上是有规律的。在社会生活中有很多随机性，如商品的价格变动、食堂的到达顾客数量。在经济社会活动中也存在很多随机性，如地铁负载、港口货运。在管理系统模拟中也存在很多随机性。因此，有必要研究随机数生成机制。

编程语言中常见的函数有 Random(x)和 Random(0, 100)，通过此函数可返回 0～100 的一个随机数。本章将分析此函数的算法及均匀分布随机数的生成。均匀分布随机数必须具备以下均匀性和独立性。

（1）若将区间(0, 1)分成 n 个等长子区间，则在每个子区间内得到的观察期望值应是 N/n，其中，N 为观察总数。

（2）每个观察值落入某一子区间的概率和前一观察值无关。

伪随机数（pseudo random number）序列是指应用计算机程序产生的随机数序列，具有均匀性和独立性的统计特性。其他分布的随机数通常由均匀分布而来。

3.2　伪随机数的生成与检验

3.2.1　伪随机数的生成要求

计算机上生成的伪随机数必须满足下列要求。

（1）分布的均匀性，即尽可能接近 $U(0, 1)$均匀分布。

（2）统计上的独立性。

（3）产生随机数的速度足够快。

（4）产生的随机数可以复现。

（5）周期足够长。

（6）占用计算机的内存尽可能少。

3.2.2　均匀分布随机数的生成

1. 平方取中法（midsquare method）

平方取中法由冯·诺依曼于 1940 年提出。首先取一个 2s 位的整数作为种子（seed），将其取平方后得 4s 位的整数（不足 4s 位时高位补 0）；然后取此 4s 位的中间 2s 位作为下一个种子，并对此数规范化（化成小于 1 的 2s 位的实数值），即得第一个(0, 1)上的随机数。依此类推，即可得到一系列随机数。

平方取中法的通式为

$$x_{i+1} = \left[\frac{x_i^2}{10^s} \right] \bmod 10^{2s}$$

$$u_{i+1} = x_{i+1} / 10^{2s} \tag{3.1}$$

式中，x_i 为 2s 位的十进制数；$\bmod 10^{2s}$ 表示以 10^{2s} 为模。

例如，取 $s=2$，$x_0 = 1234$，则模 $10^{2s} = 10000$

$$\begin{array}{lll}
x_0^2 = 1522756 & x_1 = 5227 & u_1 = 0.5227 \\
x_1^2 = 27321529 & x_2 = 3215 & u_2 = 0.3215 \\
x_2^2 = 10336225 & x_3 = 3362 & u_3 = 0.3362 \\
x_3^2 = 11303044 & x_4 = 3030 & u_4 = 0.3030 \\
x_4^2 = 9180900 & x_5 = 1809 & u_5 = 0.1809 \\
x_5^2 = 65448100 & x_6 = 4481 & u_6 = 0.4481
\end{array}$$

平方取中法的优点是计算简单，但它也有许多缺点，首先很难说明取什么样的种子可保证有足够长的周期；其次容易退化，或退化到某一常数，或退化到 0。

2. 乘法取中法（mid-product method）

首先选择两个 2s 位的种子 x_0 和 x_1，将它们相乘得到一个 4s 位的十进制数；然后取此 4s 位的中间 2s 位作为下一个种子，并对此数规范化，即得第一个(0, 1)上的随机数。依此类推，即可得到一系列随机数。

乘法取中法的通式为

$$x_{i+2} = \left[\frac{x_i \cdot x_{i+1}}{10^s} \right] \bmod 10^{2s}$$

$$u_{i+2} = x_{i+2} / 10^{2s} \tag{3.2}$$

乘法取中法的周期比平方取中法长，均匀性也有所改善，但其主要缺点也是容易退化。

例如，取 $s=2$，$x_0=2938$，$x_1=7229$，则模 $10^{2s}=10000$

$$x_0x_1=21238802 \quad x_2=2388 \quad u_2=0.2388$$

$$x_1x_2=17262852 \quad x_3=2628 \quad u_3=0.2628$$

$$x_2x_3=6275664 \quad x_4=2756 \quad u_4=0.2756$$

3. 常数乘子法（constant multiplier method）

常数乘子法是乘法取中法的一种变形。首先选取一个常数乘子 k，它也是 $2s$ 位的十进制数，将 k 和种子相乘得到 $4s$ 位的十进制数；然后取此 $4s$ 位的中间 $2s$ 位作为下一个种子，并对此数规范化，即得第一个(0, 1)上的随机数。依此类推，即可得到一系列随机数。

常数乘子法的通式为

$$x_{i+1}=\left[\frac{kx_i}{10^s}\right]\bmod 10^{2s}$$

$$u_{i+1}=x_{i+1}/10^{2s} \tag{3.3}$$

例如，取 $s=2$，$k=3987$，$x_0=7223$，则模 $10^{2s}=10000$

$$kx_0=28798101 \quad x_1=7981 \quad u_1=0.7981$$

$$kx_1=31820247 \quad x_2=8202 \quad u_2=0.8202$$

$$kx_2=32701374 \quad x_3=7013 \quad u_3=0.7013$$

$$kx_3=27960831 \quad x_4=9608 \quad u_4=0.9608$$

$$kx_4=38307096 \quad x_5=3070 \quad u_5=0.3070$$

常数乘子法的周期较长，均匀分布特性较好，同样存在易于退化的缺点，且此法的成功与否与所选常数乘子关系很大。

4. 线性同余发生器（linear congruence generator，LCG）

目前使用的大多数随机数发生器是线性同余发生器，由莱默（Lehmer）在 1951 年提出。线性同余发生器采用式（3.4）产生随机数：

$$Z_i=\left(aZ_{i-1}+C\right)\left(\bmod m\right) \tag{3.4}$$

式中，Z_i 为第 i 个随机数；a 为乘子；C 为增量；m 为模数；Z_0 为随机数源或种子，它们均为非负整数。显然，由式（3.4）得到的 Z_i 满足：

$$0\leqslant Z_i\leqslant m-1$$

为了得到[0, 1]上所需要的随机数 U_i，可令

$$U_i=Z_i/m$$

显然，由式（3.4）得到的 Z_i 完全不是随机的，一旦 m、a、C、Z_0 确定，Z_i 就完全确定了。

由于 Z_i 是 $[0, m-1]$ 上的整数，由 Z_i 得到的 U_i 仅仅是有限个数，即 0, $1/m$, $2/m$, …, $(m-1)/m$，而不可能位于这些数值之外。

例如，观察 $m=16$，$a=5$，$C=3$，$Z_0=7$ 的线性同余发生器，表 3.1 列出了 $i=0, 1, 2, \cdots, 19$ 时的 Z_i 和 U_i 值。

$$Z_i=(5Z_{i-1}+3)(\bmod 16)$$

表 3.1　线性同余发生器

i	Z_i	U_i	i	Z_i	U_i
0	7	0.438	10	9	0.563
1	6	0.375	11	0	0.000
2	1	0.063	12	3	0.188
3	8	0.500	13	2	0.125
4	11	0.688	14	3	0.188
5	10	0.625	15	4	0.250
6	5	0.313	16	7	0.438
7	12	0.750	17	6	0.375
8	15	0.938	18	1	0.063
9	14	0.875	19	8	0.500

如何选择 m、a、C，才能保证线性同余发生器具有满周期呢？

【定理 3-1】　当且仅当满足下列条件时，线性同余发生器具有满周期。

（1）m 与 C 能同时被整除的唯一正整数是 1。

（2）如果 q 是整除 m 的素数（q 只能被自身及 1 整除），则 q 能整除 $a-1$。

（3）如果 m 能被 4 整除，则 $a-1$ 也能被 4 整除。

在实际使用中，线性同余发生器有两种形式，即混合乘同余（$C>0$）及乘同余（$C=0$）。对混合乘同余发生器，一般选择 $m=2^b$，b 为计算机二进制位长，C 为奇数，而 a 可被 4 整除，将得到满周期。Z_0 可为 $[0, m-1]$ 上的任意整数。

对乘同余发生器，不可能得到满周期，为了提高乘同余的可用性，可通过恰当选择 m 及 a 接近满周期，较突出的是素数取模乘同余法。

在素数取模乘同余法中，m 是小于 2^b 的最大素数，a 满足以下条件，a^l-1 被 m 整除的最小整数是 $l=m-1$，即能被 m 整除的 a^l-1 的最小整数为 $a^{m-1}-1$，那么得到的 Z_i 的周期为 $m-1$，且在每个周期内 1, 2, …, $m-1$ 等整数严格地只出现一次。

两个经过检验的、性能较好的 Z_i 为

$$Z_i=5^5 Z_{i-1}\left(\bmod 2^{35}-31\right) \tag{3.5}$$

$$Z_i = 8^5 Z_{i-1}\left(\bmod 2^{31}-1\right) \tag{3.6}$$

3.2.3 均匀分布随机数的检验

1. 参数检验

参数检验是指检验随机数的数字特征（如均值、方差的估计值和理论值）的差异是否显著。

由随机数发生器生成的随机数为 $u_1, u_2, \cdots, u_N$，则其均值和方差的估计值分别为

$$\bar{u} = \frac{1}{N}\sum_{i=1}^{N} u_i^2 \tag{3.7}$$

$$S^2 = \frac{1}{N-1}\sum_{i=1}^{N}\left(u_i - \bar{u}\right)^2 \tag{3.8}$$

若所生成的随机数序列为(0, 1)上均匀分布的随机数序列，则可假设如下。

$\bar{u}$ 的均值和方差分别为

$$E\left(\bar{u}\right) = \frac{1}{2}, \quad V\left(\bar{u}\right) = \frac{1}{12N}$$

S^2 的均值和方差分别为

$$E\left(S^2\right) = \frac{1}{12}, \quad V\left(S^2\right) = \frac{1}{180N}$$

取统计量：

$$V_1 = \frac{\bar{u} - E\left(\bar{u}\right)}{\sqrt{V\left(\bar{u}\right)}} = \sqrt{12N}\left(\bar{u} - \frac{1}{2}\right)$$

$$V_2 = \frac{S^2 - E\left(S^2\right)}{\sqrt{V\left(S^2\right)}} = \sqrt{180N}\left(S^2 - \frac{1}{12}\right)$$

当 N 足够大时，V_1、V_2 近似服从 $N(0, 1)$正态分布，取显著性水平 a=0.05，由 N 个观察值计算$|V_1|$和$|V_2|$的值。当$|V_1|>1.96$ 时，拒绝 $E\left(\bar{u}\right)=\frac{1}{2}$，$V\left(\bar{u}\right)=\frac{1}{12N}$ 的假设，否则，接受这一假设。当$|V_2|>1.96$ 时，拒绝 $E\left(S^2\right)=\frac{1}{12}$，$V\left(S^2\right)=\frac{1}{180N}$ 的假设，否则，接受这一假设。

2. 均匀性检验

均匀性检验是指校验所产生的随机数落在各子区间的频率和理论频率之间的差异是否显著。均匀性检验主要采用频率检验法。常用的频率检验法如下：一是 χ^2 检验；二是科尔莫戈罗夫-斯米尔诺夫（Kolmogorov-Smirnov，K-S）检验。

3.3　随机变量的生成

3.3.1　随机变量及其分布

1. 离散型随机变量的分布及性质

离散型随机变量的累积分布函数（cumulative distribution function，CDF，简称分布函数）用 $F(x)$ 表示，$F(x)$ 是随机变量 X 小于等于 x 的概率，即

$$F(x)=P(X\leqslant x)=\sum_{i\leqslant x}p(x_i)$$

离散型随机变量的分布函数具有一个重要性质——非降性，即 $F(x)$ 为非降函数，若 $a<b$，则 $F(a)\leqslant F(b)$。

2. 连续型随机变量的分布及性质

若随机变量 x 在实数集 R 上连续，则 X 落在 $[a, b]$ 上的概率为

$$P\left(a\leqslant X\leqslant b\right)=\int_a^b f(x)\mathrm{d}x$$

式中，$f(x)$ 为随机变量 X 的概率密度函数（probability density function，PDF，简称密度函数）。

连续型随机变量的分布函数为

$$F(x)=\int_{-\infty}^{x}f(t)\mathrm{d}t$$

连续型随机变量的分布函数同样满足非降性的特征。

3.3.2　随机变量的生成方法

1. 评价随机变量生成方法的原则

（1）满足精度要求，即产生的随机变量应服从所要求的分布。
（2）节省计算时间。
（3）节省计算机内存。

2. 常用的随机变量生成方法

由均匀分布随机数生成其他随机变量的方法有多种，其中常用的随机变量生成方法包括逆变（inverse transform）法、函数变换法、组合（composition）法、取舍（acceptance-rejection）法和近似法。以下主要介绍前两种方法。

1）逆变法

求出随机变量 X 的分布函数 $F(x)$，并能以显式表达其逆函数 $F^{-1}(u)$，其中，u 是服

从 $U(0, 1)$均匀分布的随机数。

（1）均匀分布。在区间(a, b)中服从均匀分布的随机变量X的密度函数和分布函数分别为

$$f(x)=\begin{cases}\dfrac{1}{b-a}, & a\leqslant x\leqslant b\\ 0, & \text{其他}\end{cases}$$

$$F(x)=\begin{cases}0, & x<a\\ \dfrac{x-a}{b-a}, & a\leqslant x\leqslant b\\ 1, & x>b\end{cases}$$

逆变法求服从均匀分布的随机变量X的步骤如下。

① 给出 $F(x)=\begin{cases}0, & x<a\\ \dfrac{x-a}{b-a}, & a\leqslant x\leqslant b\\ 1, & x>b\end{cases}$。

② 产生随机数u，令$u=F(x)$。

③ 进行逆变，由 $F(x)=u=\dfrac{x-a}{b-a}$ 得到

$$x-a=(b-a)u, x=a+(b-a)u$$

（2）指数分布。服从指数分布的随机变量X的概率密度和分布函数分别为

$$f(x)=\begin{cases}\lambda\mathrm{e}^{-\lambda x}, & x\geqslant 0\\ 0, & \text{其他}\end{cases}$$

$$F(x)=\int_{-\infty}^{x}f(t)\mathrm{d}t=\int_{-\infty}^{x}\lambda\mathrm{e}^{-\lambda t}\mathrm{d}t=1-\mathrm{e}^{-\lambda x}$$

服从指数分布的随机变量X的均值和方差分别为

$$\frac{1}{\lambda}\text{和}\frac{1}{\lambda^2}$$

逆变法求服从指数分布的随机变量X的步骤如下。

① 求出 $F(x)=1-\mathrm{e}^{-\lambda x}$，$x\geqslant 0$。

② 产生随机数u，令 $u=F(x)=1-\mathrm{e}^{-\lambda x}$，$x\geqslant 0$；

③ 进行逆变，由 $u=1-\mathrm{e}^{-\lambda x}$ 得到

$$x=-\frac{1}{\lambda}\ln(1-u)$$

④ 因u和$1-u$都是[0, 1]上服从指数分布的随机数，故可以写成

$$x = -\frac{1}{\lambda}\ln u$$

（3）韦伯分布。服从韦伯分布的随机变量 X 的概率密度和分布函数分别为

$$f(x)=\begin{cases}\beta/\alpha\left(\dfrac{x-v}{\alpha}\right)^{\beta-1}\mathrm{e}^{-\left(\frac{x-v}{\alpha}\right)^{\beta}}, & x\geqslant v\\ 0, & 其他\end{cases}$$

$$F(x)=\begin{cases}1-\mathrm{e}^{-\left(\frac{x-v}{\alpha}\right)^{\beta}}, & x\geqslant v\\ 0, & 其他\end{cases}$$

式中，v 为位置（location）参数，$-\infty<v<\infty$；α为尺寸（scale）参数，$\alpha>0$；β为形状（shape）参数，$\beta>0$。

逆变法求服从 $v=0$ 时韦伯分布的随机变量 X 的步骤如下。

① 写出 $F(x)=1-\mathrm{e}^{-\left(\frac{x}{\alpha}\right)^{\beta}}$，$x\geqslant 0$。

② 产生随机数 u，令 $u=F(x)=1-\mathrm{e}^{-\left(\frac{x}{\alpha}\right)^{\beta}}$。

③ 进行逆变，由 $1-\mathrm{e}^{-\left(\frac{x}{\alpha}\right)^{\beta}}=u$ 得到

$$\mathrm{e}^{-\left(\frac{x}{\alpha}\right)^{\beta}}=1-u$$

$$x=\alpha\left[-\ln(1-u)\right]^{\frac{1}{\beta}}$$

（4）三角分布。服从三角分布的随机变量 X 的密度函数和分布函数分别为

$$f(x)=\begin{cases}\dfrac{2(x-a)}{(m-a)(b-a)}, & a\leqslant x<m\\ \dfrac{2(b-x)}{(b-m)(b-a)}, & m\leqslant x\leqslant b\\ 0, & 其他\end{cases}$$

$$F(x)=\begin{cases}0, & x<a\\ \dfrac{(x-a)^2}{(m-a)(b-a)}, & a\leqslant x\leqslant m\\ 1-\dfrac{(b-x)^2}{(b-m)(b-a)}, & m<x\leqslant b\\ 1, & x>b\end{cases}$$

逆变法求服从三角分布的随机变量 X 的步骤如下。

① 写出 $F(x)=\begin{cases}0 & ,x<a\\ \dfrac{(x-a)^2}{(m-a)(b-a)} & ,a\leqslant x\leqslant m\\ 1-\dfrac{(b-x)^2}{(b-m)(b-a)} & ,m<x\leqslant b\\ 1 & ,x>b\end{cases}$。

② 产生随机数 u，令 $u=F(x)$。

③ 若 $0<u\leqslant\dfrac{m-a}{b-a}$，则 $x=a+\left[(m-a)(b-a)u\right]^{\frac{1}{2}}$，然后返回。

④ 若 $u>\dfrac{m-a}{b-a}$，则 $x=m+\left[(b-a)u-(m-a)(b-m)\right]^{\frac{1}{2}}$，然后返回。

2）函数变换法

以正态分布为例，介绍函数变换法。

服从正态分布的随机变量 X 的密度函数和分布函数分别为

$$f(x)=\frac{1}{\sigma\sqrt{2\pi}}\exp\left[-\frac{1}{2}\left(\frac{x-\mu}{\sigma}\right)^2\right],\ -\infty<x<\infty$$

$$F(x)=P(X\leqslant x)=\int_{-\infty}^{x}\frac{1}{\sigma\sqrt{2\pi}}\exp\left[-\frac{1}{2}\left(\frac{t-\mu}{\sigma}\right)^2\right]\mathrm{d}t$$

服从正态分布的随机变量 X 的均值和方差分别为

$$E(X)=\mu \text{ 和 } V(X)=\sigma^2$$

上面的分布函数表达式无法积分得到显式，故不能进行逆变，而要采用函数变换法。令 $Z=\dfrac{X-\mu}{\sigma}$，则变换后得到服从标准正态分布的随机变量 Z 的分布函数为

$$\phi(z)=\frac{1}{\sqrt{2\pi}}\mathrm{e}^{-\frac{z^2}{2}},-\infty<z<\infty$$

上式也不能进行直接逆变求随机变量 Z，于是采用博克斯-穆勒（Box-Muller，B-M）法，先产生两个标准正态分布 Z_1 和 Z_2，然后通过 $Z=\dfrac{X-\mu}{\sigma}$ 求出两个一般正态分布的随机变量，即

$$X_1=\mu+\sigma Z_1$$

$$X_2=\mu+\sigma Z_2$$

Z_1 和 Z_2 求解步骤如下。

设 Z_1 和 Z_2 为两个服从 $N(0, 1)$正态分布的随机变量，若分别以 Z_1 和 Z_2 为坐标轴，则平面上一点如图 3.1 所示。

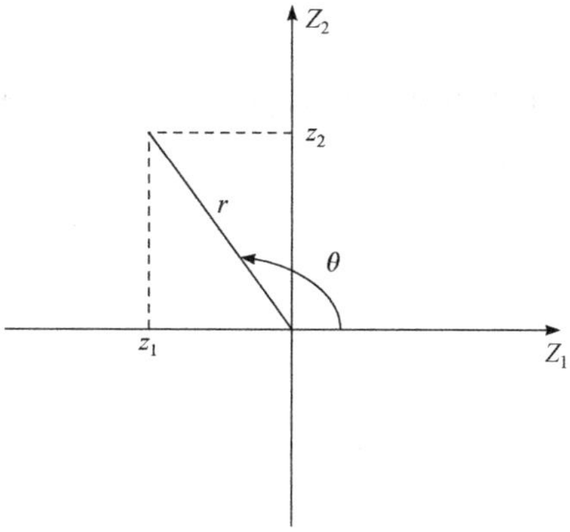

图 3.1　$r^2 = Z_1^2 + Z_2^2$的分布

$r^2 = Z_1^2 + Z_2^2$是一个自由度为 2 的χ^2分布，即参数λ为 0.5 的负指数分布。因此，随机变量r可用指数分布的逆变法求得：

$$r = \sqrt{-2\ln u_1}$$

θ服从(0, 2π)上的均匀分布，即$f(\theta) = \dfrac{1}{2\pi}$，在(0, 2π)上产生的随机数为$\theta=2\pi u_2$，因此，

$$Z_1 = \sqrt{-2\ln u_1}\cos(2\pi u_2)$$

$$Z_2 = \sqrt{-2\ln u_1}\sin(2\pi u_2)$$

它们都是服从$N(0, 1)$的随机变量。因此，只要产生两个服从均匀分布的随机数u_1和u_2，即可产生两个服从标准正态分布的随机变量Z_1和Z_2，从而获得两个服从一般正态分布的随机变量X_1和X_2：

$$X_1 = \mu + \sigma Z_1$$

$$X_2 = \mu + \sigma Z_2$$

3.3.3　常用随机函数及其适用范围

1. 均匀分布

均匀分布广泛用于所有可能发生的连续事件概率相等或大致相等的情况。

均匀分布的参数为两个实数，即最小值a与最大值b，并满足$a<b$；均匀分布的区间为$[a, b]$；均值为$(a+b)/2$；方差为$(b-a)^2/12$。

均匀分布的密度函数为

$$f(x) = \begin{cases} \dfrac{1}{b-a}, & a \leqslant x \leqslant b \\ 0, & \text{其他} \end{cases}$$

2. 指数分布

指数分布广泛用于表征相邻随机事件的间隔时间，如个体随机性到达的时间间隔、设备随机性故障发生的时间间隔等。

指数分布的参数为一个实数，即均值 $1/\lambda$；指数分布的区间为$[0, \infty)$；均值为 $1/\lambda$；方差为 $1/\lambda^2$。

指数分布的密度函数为

$$f(x)=\begin{cases}\lambda \mathrm{e}^{-\lambda x}, & x\geqslant 0\\ 0 & ,\text{其他}\end{cases}$$

3. 韦伯分布

韦伯分布在可靠性分析中应用很广，经常用来代表个体的随机寿命。

韦伯分布有两个参数，即尺度参数α和形状参数β；韦伯分布的区间为$(0, \infty)$；均值和方差分别为

$$E(X)=v+\alpha\Gamma\left(\frac{1}{\beta}+1\right)$$

$$V(X)=\alpha^2\left[\Gamma\left(\frac{2}{\beta}+1\right)-\left[\Gamma\left(\frac{1}{\beta}+1\right)\right]^2\right]$$

$v=0$ 时韦伯分布的密度函数为

$$f(x)=\begin{cases}\dfrac{\beta}{\alpha^{\beta}}x^{\beta-1}\mathrm{e}^{-(x/\alpha)^{\beta}}, & x\geqslant 0\\ 0 & ,\text{其他}\end{cases}$$

4. 三角分布

三角分布是一种在实际中广泛应用的经验分布，尤其适合概率分布的真实形式很难确定，且根据经验数据估计的最小值、最大值和峰值不能获得的情况。

三角分布的参数为三个实数，即最小值 a、最大值 b 和峰值 m，$a<m<b$；三角分布的区间为$[a, b]$；均值为$(a+m+b)/3$；方差为$(a^2+m^2+b^2-ma-ab-mb)/18$。

三角分布的密度函数为

$$f(x)=\begin{cases}\dfrac{2(x-a)}{(m-a)(b-a)}, & a\leqslant x<m\\ \dfrac{2(b-x)}{(b-m)(b-a)}, & m\leqslant x\leqslant b\\ 0 & ,\text{其他}\end{cases}$$

5. 泊松分布

泊松分布是一个极为重要的离散型概率分布，经常用来表征单位时间内或者某一段固定的时间内随机事件的发生次数，其密度函数如图 3.2 所示。

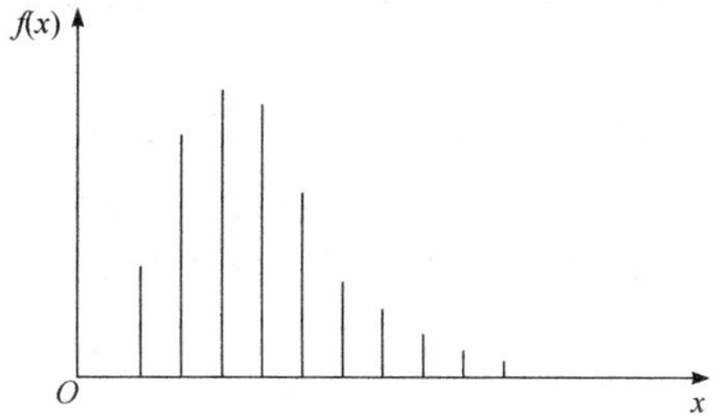

图 3.2　泊松分布密度函数

泊松分布的参数为一个实数，即均值λ；泊松分布的区间为非负整数集合{0, 1, …}；均值为λ；方差为λ。

泊松分布的密度函数为

$$f(x)=\begin{cases}\dfrac{\lambda^x e^{-\lambda}}{x!}, & x=\{0,1,\cdots\}\\ 0, & \text{其他}\end{cases}$$

第 4 章　多智能体仿真

智能体（agent）出现于 20 世纪 70 年代的人工智能领域，目前已经渗透到计算机科学的许多领域，在其他科学领域也多有探索和应用。智能体能够对结构复杂、难以找到统一范式的问题进行描述，且对因个体交互行为导致总体表现难测的系统，具有较强的测量表达和再现能力。由于多智能体能够自主学习和交互，对分布式需要相互协调的问题具有较好的处理效果，在许多具有丰富交互需求的场合有较好的适用性，是当前系统仿真领域应用比较广泛的方法。

随着大数据分析方式的逐步实现，原来需要抽样后用样本代替总体进行估计测算的模式已经变为对总体的现实分析。这种基于总体而不是样本的分析方式对原有的规律发现和智能化都起到了前所未有的促进作用。在多智能体系统中，各种智能体行为从原来的设想和简易实现变为更加贴近实际的行为，智能体行为越来越接近人类行为智能化，这也是多智能体方法应用日益广泛的原因之一。

4.1　智能体的特征

智能体最突出的特征是自主智能和交互，智能体是早期人工智能领域重要概念之一。智能体之间的自主交互特性使得即便某些简单和自组织规则也能导致复杂宏观结果涌现。有关智能体的特征和定义描述有很多，其通常具有如下特征。

（1）具有明确边界的求解实体。处于特定环境中，智能体通过感知器观测环境，通过效应器作用于环境。通过封装自己的计算方法和智能算法，将由感知器测得的外部环境和变量进行智能化计算，进而得到适当的输出反应。

（2）本质上具有自主性。智能体具有自己的计算资源和局部行为控制机制，能根据内部状态和感知到的外部环境，自主地决定和控制自身行为。每个多智能体都具有自己独立的计算方法，其根据总体外部环境和自己的属性状态，自主计算和决定智能体行为。

（3）具有社会性。在智能体社会中，智能体遵从一定的规则并与其他智能体进行有效的交互与合作。多智能体方法的突出优势就是分布式交互。在多智能体中，设定用于相关交互的函数与模型，就能够实现在一定规则下智能体之间的交互和合作行为仿真。

（4）具有反应性。智能体能对外部环境和事件做出适当反应，同时能主动采取一定的行为。这是多智能体方法最具特色、最有智能性和自主性的表现。

在强定义中，智能体的特点为理性、真实、友好、可移动。

4.2　智能体与面向对象

4.2.1　智能体与面向对象的联系与区别

与面向对象相同，智能体的建模过程是设计和封装一些类，并且实例间进行交互。其特点如下：①系统中描述客观事物的实体，封装一组属性和方法，以实现目标的各种状态和行为变化；②实例间由消息传递实现交互；③具有继承性和多态，采用面向对象编程技术实现。

但在类的方法及这些方法特性上，智能体与面向对象是有区别的：①自治程度，面向对象编程属于编程设计技术，人工智能及自治实现采用了面向对象编程技术和工具，但人工智能及自治实现仅仅是程序开发的一小类；②是否具有智能性，多智能体具有自主性和智能性，面向对象编程在结构化程序设计部分等许多方面都不具有智能性；③软件性能，在软件的可靠性与健壮性、计算效率、可维护与可重用等方面，多智能体往往更具优势。

4.2.2　MAS 的特点

随着技术的发展，系统的研究目标越来越庞大和复杂，子系统在时空上越来越分散，且具有可变、交互、智能等特征，须用多个智能体来表现，多智能体系统（multi-agents system，MAS）的概念便应运而生。MAS 借鉴了分布式人工智能和人工生命理论，采用分而治之的方法，实现系统内部智能体间的动态交互。在未来经济社会领域，MAS 依然是一种应用比较广泛的系统模拟方式，是处理分布交互式场景的有力工具。

MAS 的特点是高层交互、智能体间组织关系丰富，适用于多问题求解、多实体共同求解的情况，且实体数据资源在物理或逻辑上是分布式的。在实际产业应用中，MAS 与相关软硬件的融合越来越密切，应用也越来越广泛。例如，在军队作战训练仿真软件中已经形成成熟的分布交互式智能化综合仿真应用平台框架。

4.3　MAS 的基本过程和原理

4.3.1　MAS 的一般流程

MAS 主要在两个层次上展开：先对系统进行智能体抽象与建模；再对各智能体进行抽象与建模。MAS 的一般流程如下。

（1）通过实际系统分析，建立多智能体模型。

① 确定智能体类型及数量。

② 描述智能体行为。

③ 分析产生智能体行为的原因。

（2）运用计算机语言，建立 MAS 程序。

① 搭建平台。

② 确定智能体的空间特征。

③ 实现所有智能体行动的并发过程。

MAS 软件有很多种，而且在不断地发展。常见的 MAS 软件有 Swarm、RePast、AnyLogic 等。其中，AnyLogic 近年来不断地丰富和升级，其功能越来越完善且容易使用，优势突出。在智能体的设计和实现过程中，AnyLogic 能够提供越来越多的辅助功能，例如，具有在统一建模语言（unified modeling language，UML）辅助下类的设计与实现的便利性。

4.3.2　智能体属性及行为表达

1. 智能体的初始状态和属性

在智能体实例的默认自带属性中有两个函数：getX( )和 getY( )，可分别返回当前智能体的横轴坐标和纵轴坐标。AnyLogic 中的每个智能体都有种类繁多的自带属性和自带方法，可满足大多数开发和应用需求，基本不需自行开发基础属性和基础方法。由 getX( )和 getY( )即可获得当前智能体的位置坐标。与此类似，可由 setX( )和 setY( )的自带方法设定当前智能体的位置。

2. 状态图

状态图中的各种状态用图形控件连接表达，状态图中状态转换或者状态进出事件可作为编程对象，状态变化时的行为或者属性更改操作可在这些编程对象中写出。代码编写时可以引用仿真模型中的其他可编程对象，此时与一般 Java 编程基本相同。

3. 智能体和实例之间的相互调用

调用 get 方法可返回对模型中各种对象的引用。以 BassDiffusion 为例，在自建智能体 Customer 中调用主程序，当在主程序中加入此智能体实例后，get_main( )用于返回对主程序的引用，就可以看到 Main 主程序对象下的 Customer 实例。在不同的状态图中对这些对象进行编程和调用，也可参照此进行。例如，每个销售人员都有 5 名潜在顾客，则在 sales 中加入 persons[…]，由在 Person 智能体状态图中通过调用 get_sales( )实现对销售人员的属性方法的访问。

4. 变量和参数的作用区域

不同变量和参数的作用区域不同。全局变量和参数应当放在 Main 主程序中，这些参数与变量都是全局的；各状态图中的变量和参数实际上是各智能体的变量和参数，在每个智能体的实例中，这些变量和参数的值不同。因此，需要合理设计放在状态图中的变量和参数与放在 Main 主程序中的变量和参数，并考虑变量和参数的作用区域。

如图 4.1 所示，状态转移（transition）代表智能体在不同状态间转换的分析和编程接口，transition 可能在初始状态、中间状态或同一状态之间相互转换，每一次转换都可以在 transition 的进入、退出等事件位置写入相应的动作代码。

AnyLogic 中也提供了类似其他高级编程语言的分支选择机制。例如，branch 控件将

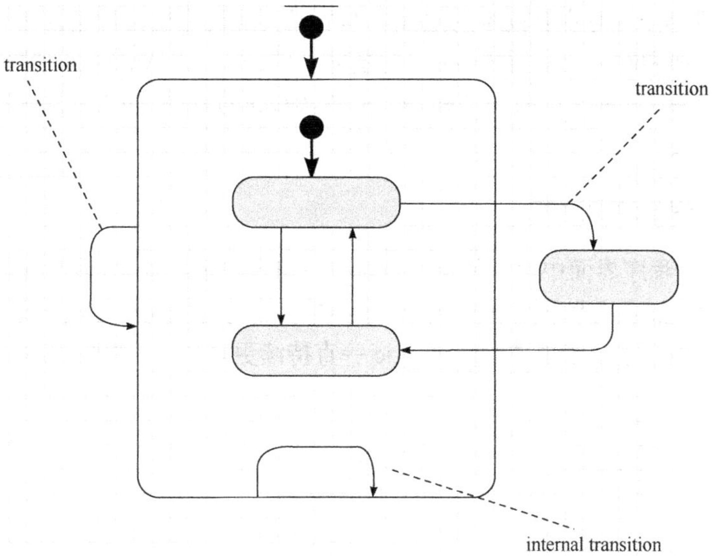

图 4.1　transition 接口

if else, switch case 等进行简单封装，更简洁、更便利地实现了条件判断和转移。

当 transition 需要由多种条件激发，同时有多种可能转移出口时，可由图 4.2 所示的 branch 控件实现。

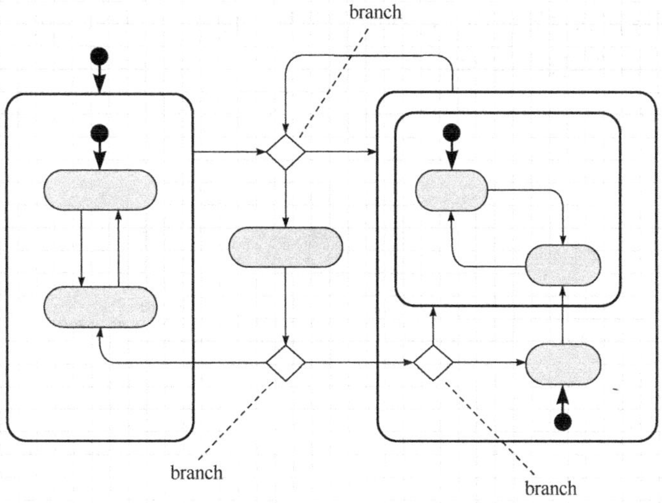

图 4.2　branch 控件

4.4　AnyLogic 用于 MAS

在用 AnyLogic 进行 MAS 时，可以先多练习、多查阅 AnyLogic 自带的演示实现 tutorial

中的示例（在 AnyLogic→帮助→演示中）。这些示例都是逐步展开的，有助于初学者对 AnyLogic 用于 MAS 时主要技术的把握。本节以实现轰炸机对特定区域的飞行轰炸（目标区有防空导弹和制导武器对抗保护）的模型为例，演示用 AnyLogic 进行 MAS 的过程。本模型主要参考 *The Big Book of Simulation Modeling* 的案例 Air Defense System①，模型及文字皆本书自成。

4.4.1 生成待保护地面建筑

在 Main 主程序界面中生成待保护目标——待保护地面建筑。智能体面板如图 4.3 所示。需要注意，如果从菜单栏单击智能体子菜单，则有可能无法出现向导界面，因此要从智能体面板中拖动生成智能体（AnyLogic 一直持续更新中，不同版本间操作可能不同）。

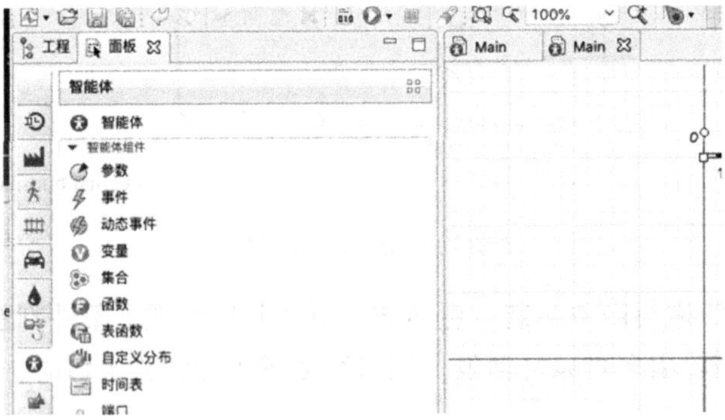

图 4.3　智能体面板

将智能体图标拖到主界面中，出现向导界面，如图 4.4 所示。选择左侧第一列“智能体群”，建立 10 个建筑智能体。

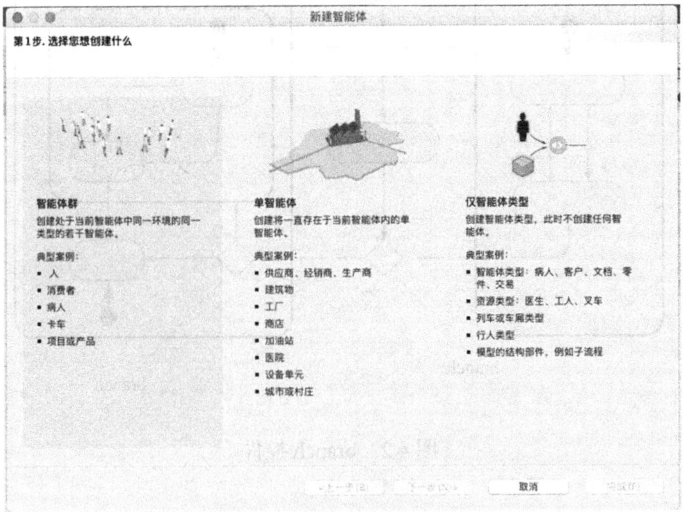

图 4.4　智能体向导界面

① Borshchev A, Grigoryev I. The Big Book of Simulation Modeling[EB/OL]. http://www.anylogic.cn[2023-01-26].

为建筑智能体选择三维图标。在三维“建筑物”下拉列表中选择“工厂”选项，并将其置于随机网中，分别如图 4.5 和图 4.6 所示。AnyLogic 8 中具有随机网、距离网、小世界等多种网络连接模型，可辅助实现后期群内行为，例如，仿真每个人相接触的三个人间联系，就可用网络上距离 3 跳之内的个体间联系表达。

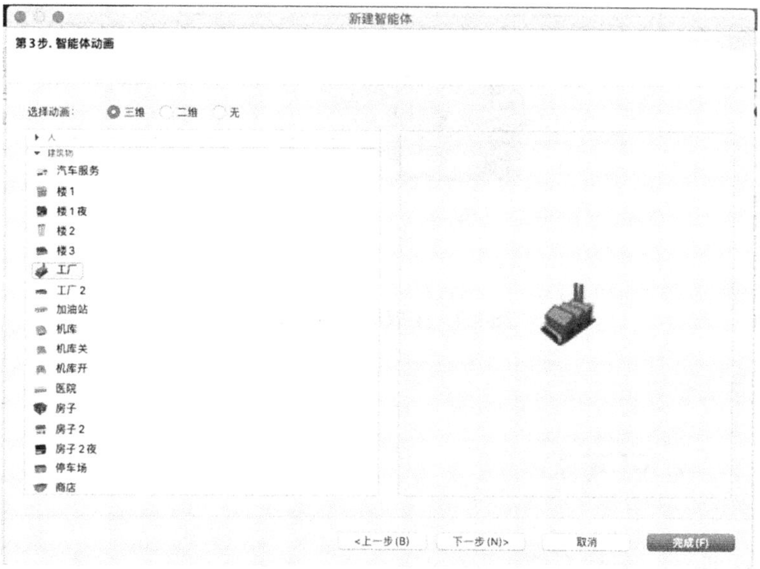

图 4.5　建筑智能体三维外观

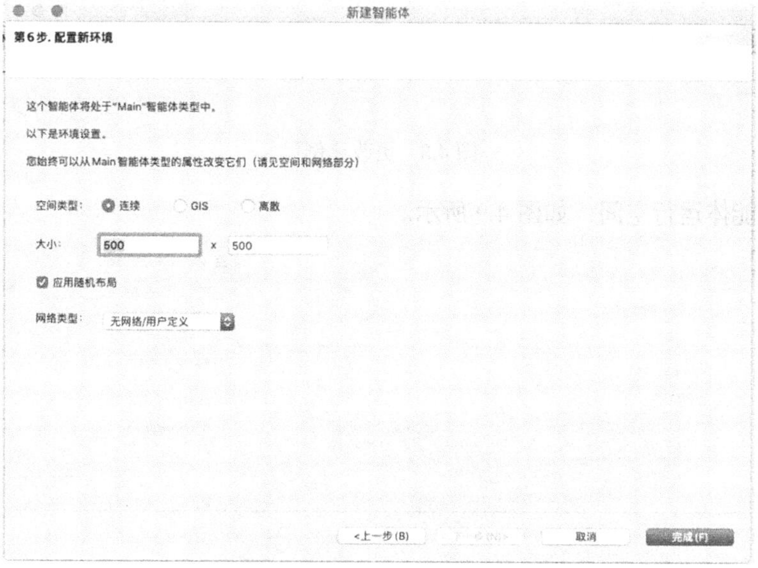

图 4.6　智能体置于随机网中

默认操作完成后，生成的建筑智能体如图 4.7 所示。

调整建筑智能体的默认尺寸、比例及位置，使其显示更加协调。如图 4.8 所示，在“标尺长度对应”栏将比例尺由 1 米 = 10 像素改为 1 米 = 1 像素。

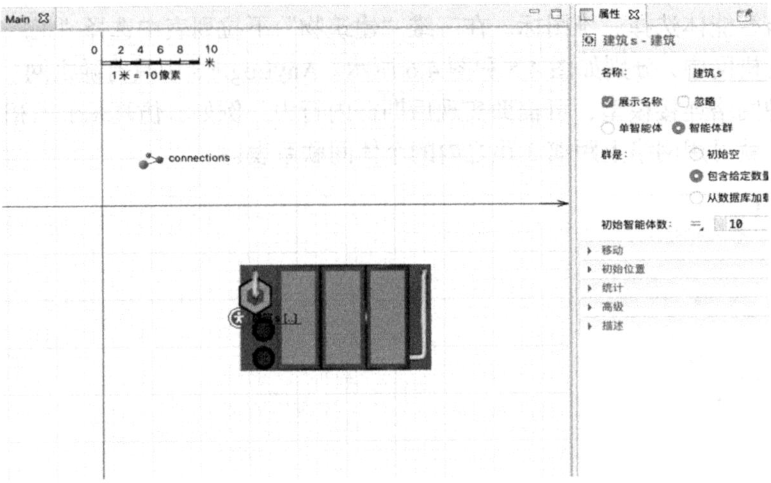

图 4.7　生成的建筑智能体

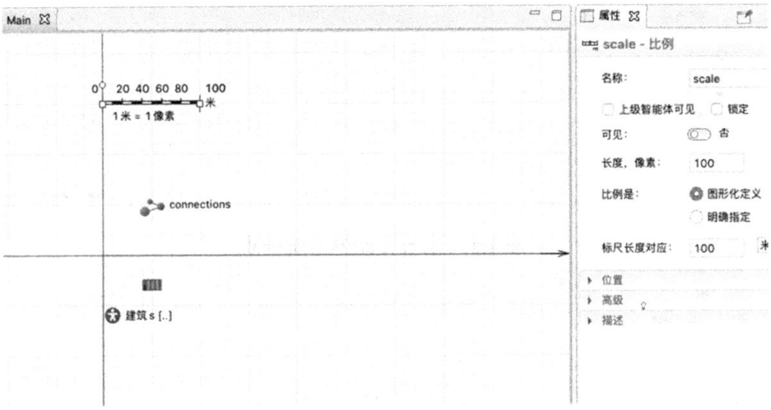

图 4.8　更改比例尺

加入智能体运行空间，如图 4.9 所示。

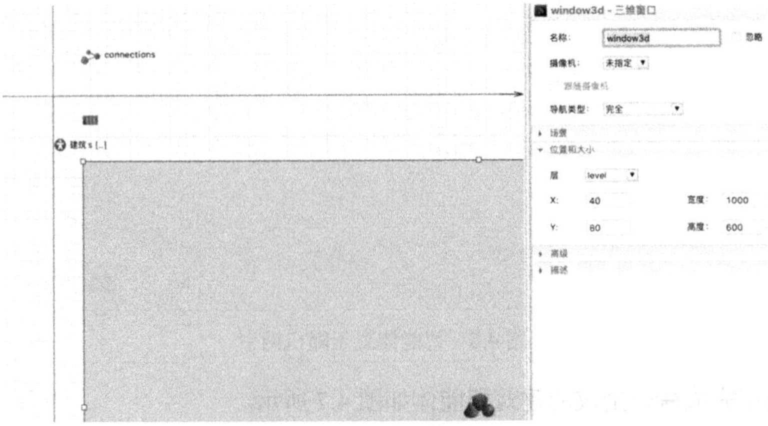

图 4.9　加入智能体运行空间

所建立的建筑的三维运行效果如图 4.10 所示。

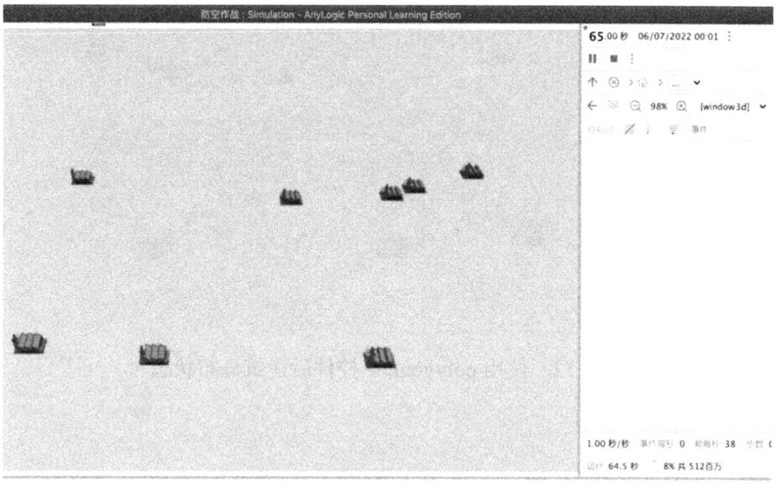

图 4.10　建筑的三维运行效果

滚动鼠标，可观看建筑群的三维运行效果，也可对每个建筑进行展示，该界面可从默认运行界面的右下角调出。

设想以下仿真场景：建筑位于特定区域，如海岸线之后的一片区域。下面使用多线段（polygonline）控件（该控件常见于 AutoCAD 中），将建筑置于特定区域，如图 4.11 所示。

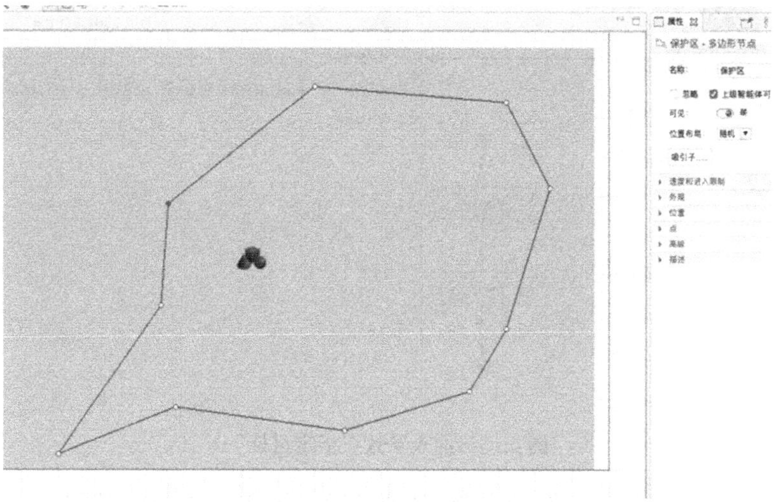

图 4.11　用 polygonline 控件将建筑置于特定区域

如图 4.12 所示，运行时可见建筑被限定在特定区域。若图 4.11 中 polygonline 控件属性设为不可见，则运行时不会显示线段。这种方式在海岸线模拟、划分重点/非重点区域防范模拟、特定智能体限定活动范围模拟中应用较多。

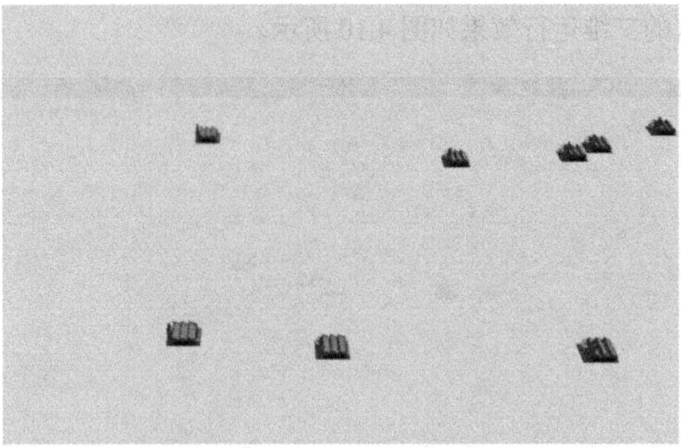

图 4.12　使用 polygonline 控件后建筑分布状态

4.4.2　构建轰炸机智能体

按照相同的步骤，加入和设置轰炸机智能体。轰炸机智能体行为主要有飞行至指定点、投弹和离去。这些交互动作是固定的建筑没有的，需要增加状态图并在其中实现。

每架轰炸机进入模型运行空间后，需要指定一个类型为“建筑”的目标。如图 4.13 所示，在轰炸机智能体中加入参数“指定目标”，其类型为“建筑”，在进入状态图时，读取此目标的坐标并令其向目标移动（调用 moveTo( )方法）。

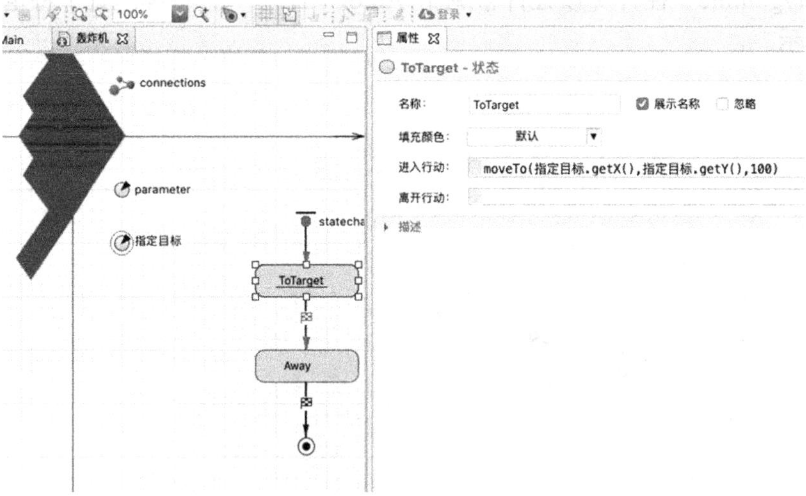

图 4.13　加入参数“指定目标”

moveTo( )方法有多个实现，可以移动到坐标 moveTo(*x*, *y*, *z*)，也可以移动到空间点 moveTo(point)，还可以沿特定路线移动到坐标 moveTo(point, path)，其中，path 可用地理信息系统（geography information system，GIS）地图路线层中的路代替。

在当前阶段，轰炸机有两个状态，即飞行至指定点和离去。如图 4.14 所示，离去状态转移到最终状态时，应将此轰炸机智能体从仿真模型中移去（调用 main.remove_轰炸机 s(this)方法）。

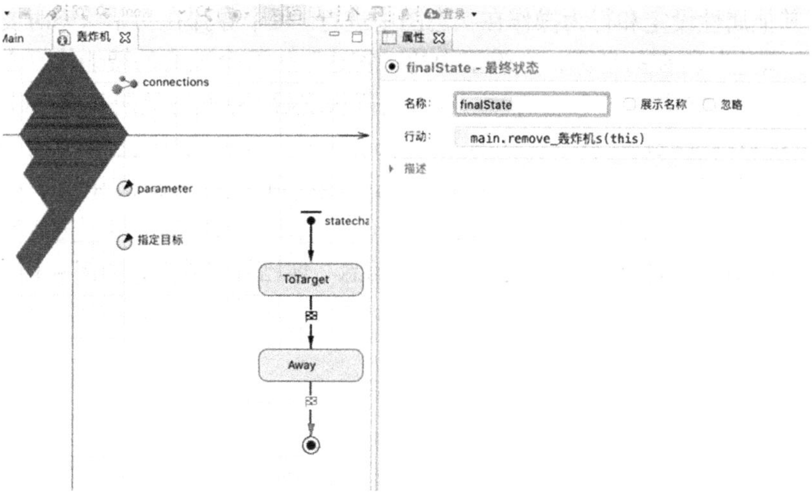

图 4.14　飞行任务完成后离去

轰炸任务开始由指定重复发生事件进行触发，先加入一架轰炸机，再每隔 5min 触发加入一架轰炸机。从建筑智能体中随机选择轰炸目标（图 4.15）后赋值到轰炸机属性“目标”中。

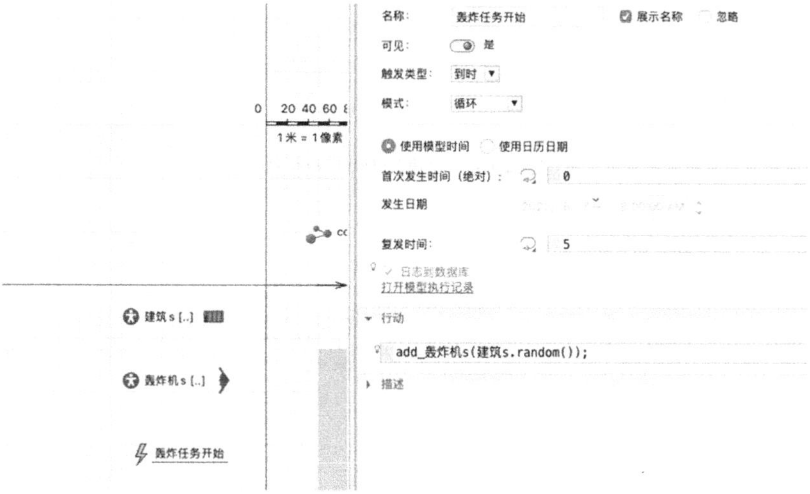

图 4.15　轰炸任务开始的触发

4.4.3　防空导弹和制导模拟

轰炸机智能体建立后，在投弹动作中需要单独建立导弹智能体，指定其轰炸建筑、投弹高度、每机载弹量、准确度等，建立过程同轰炸机智能体。防空导弹主要通过雷达探测来袭轰炸机，将本机制导导弹锁定轰炸机，导弹飞向敌机并在此过程中根据敌机位置不断调整飞行角度。

如图 4.16 所示，构建导弹智能体群，指定初始智能体数为 100 个，初始速度为

900km/h，其他属性设定和行为操作在状态图中进行。每个导弹在初始状态时要指定其位置为属性“雷达”所在的坐标，本模型中的“雷达”为两个独立的智能体，在前述操作中手动指定位置，如图 4.17（a）所示。进入飞行状态后，令其开始向目标（目标.getX( ), 目标.getY( ), 目标.getZ( )）移动，如图 4.17（b）所示。导弹飞行过程中，需要根据轰炸机的实时位置不断调整姿态，主要通过每隔一段时间调用 moveTo(目标.getX( ), 目标.getY( ), 目标.getZ( ))方法实现，如图 4.17（c）所示。当导弹与目标进入有效攻击距离时，如 distanceTo(目标) ＜ 15，向目标发送信息“你已被击毁”，如图 4.17（d）所示，并退出该界面。

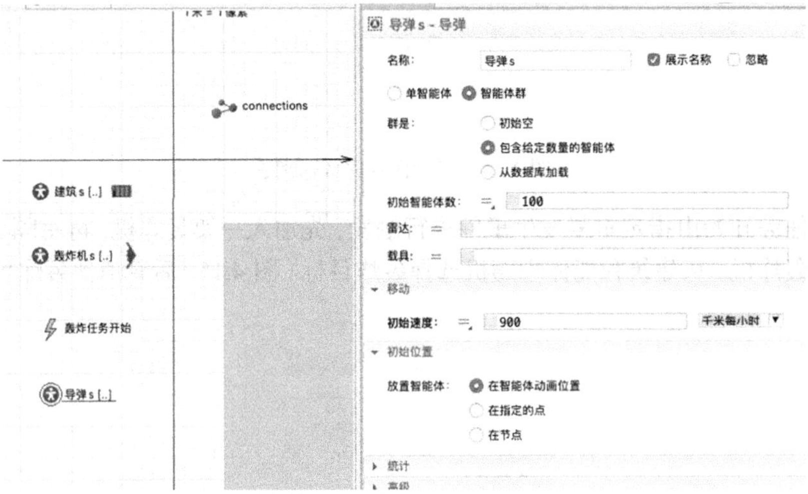

图 4.16　构建导弹智能体群

（a）

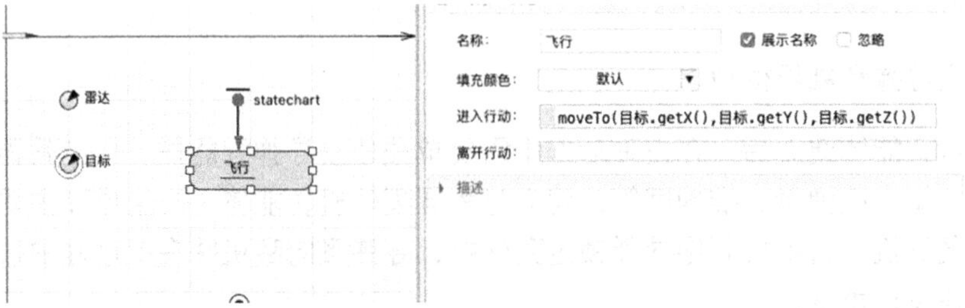

（b）

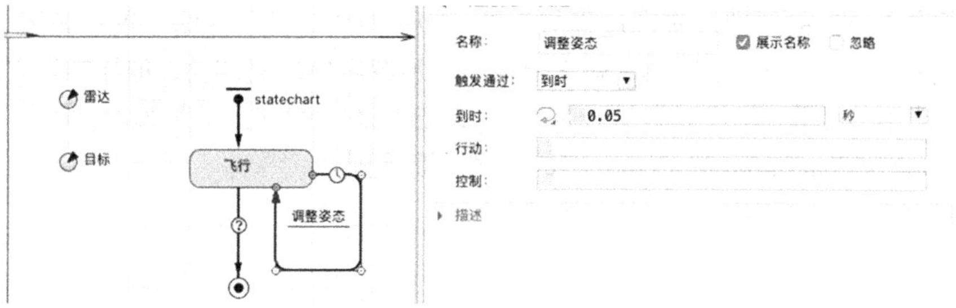

(c)

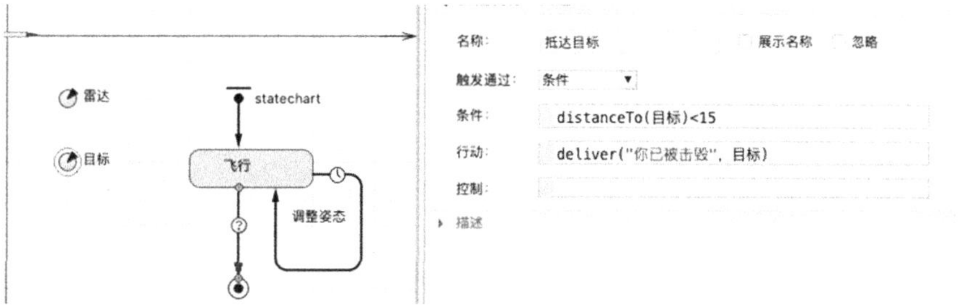

(d)

图 4.17 导弹智能体状态图和属性设定

当上述导弹与轰炸机进入有效攻击距离，且导弹已经收到击毁轰炸机消息时，需要在轰炸机状态图中进行新的状态转移处理。原退出点模拟的是飞行任务完成后轰炸机本身完好离去。现在轰炸机被防空导弹击中，显然需要增加一个完全不同的退出状态。如图 4.18 所示，将轰炸机的飞行至指定点和离去状态用一个大的状态框包围，从这个大的状态框边沿引出到新的退出点，用以表达“被击中”。这一事件由消息“你已被击毁”触发。至此，实现了建筑智能体、轰炸机智能体的构建，以及防空和制导模拟，可单击 F5 键编译运行。

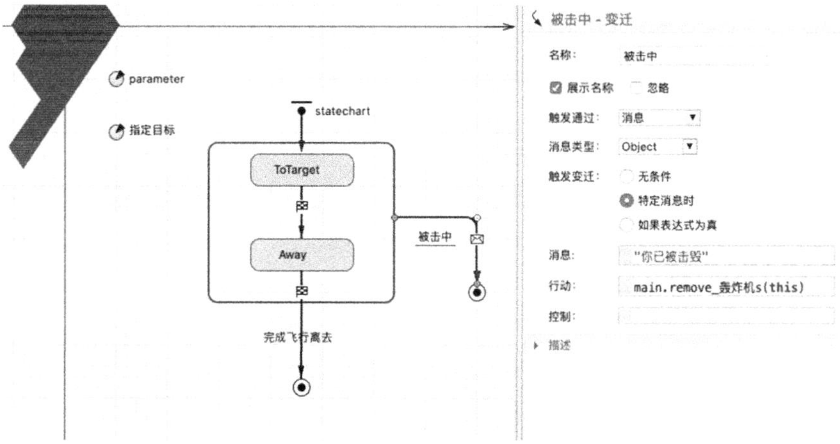

图 4.18 轰炸机处理信息“你已被击毁”

本章将 MAS 的原理、实现过程与工具、初步应用进行了介绍、展示和演示。要想完全理解这些原理、方法、工具，就需要在不断地练习中反复体会，加深知识点的理解、积累控件使用的经验。建议读者结合 AnyLogic 自带的示例进行反复练习，并进一步结合 *The Big Book of Simulation Modeling* 中的案例不断巩固。

第 5 章　连续系统模拟

经济社会系统中存在许多系统内部主要变量连续、变量之间也有明确的数学模型关系的情况，而且往往掺杂少数难以测量表达的外部作用。例如，国家粮食生产与全年粮食、土地、化肥、种子数量等存在显式作用，同时外部通胀引起的进口粮食价格变动对国家粮食生产存在重要影响，这种影响不可忽视。对于这种以定量连续系统为主，同时存在其他复杂作用因素的问题的求解，采用连续系统模拟的系统动力学方法较为适宜。

5.1　连续系统模拟基础

连续系统模拟中，随时间变化的状态变量主要有两类：水平变量（level variable）和速率变量（rates variable）。水平变量又称流位，是指某一变量随时间推移进行连续性变化，如国家货币流通量随时间推移逐渐增多；速率变量又称流速，是指某一速率随时间的变动而变化，例如，国家外汇单位时间流出量是速率，其变动属于流速。

连续系统模拟中，模拟时间是以固定步长迭代前进的。随模拟时间的推移，各流位和流速发生变化和相互作用，引起系统总体状态的不断演进。

连续系统内，流位和流速之间的关系主要用状态方程（如微分方程、差分方程）的形式表示。其中，微分方程分为常微分方程和偏微分方程，前者表示的连续系统称为集中参数系统，后者表示的连续系统称为分布参数系统；差分方程主要用于存在显式的流位间自我依赖情形。

连续系统模型的建立过程如下。

（1）建立系统结构。这就是系统动力学中的流图绘制过程。随着仿真软件功能的提升，原来在设计阶段需要手动绘制的流图可以被集成在仿真软件中，由软件辅助实现流图绘制。

（2）建立系统模型。在流图的基础上建立一组反映系统行为特征的数学模型。它描述了各状态变量与主要自变量与模拟时间的关系。一般来说，这一步需要专业背景知识作为支撑，从专业已有模型中找到合适的数学模型。

（3）离散化转换。离散化转换方法包括单步法、多步法和预测校正法，其中，单步法包括欧拉（Euler）法和龙格-库塔（Runge-Kutta）法。欧拉法又称折线法，其近似计算原理如图 5.1 所示。

欧拉法递推公式如下：

$$y_{n+1} = y_n + Tf_n \tag{5.1}$$

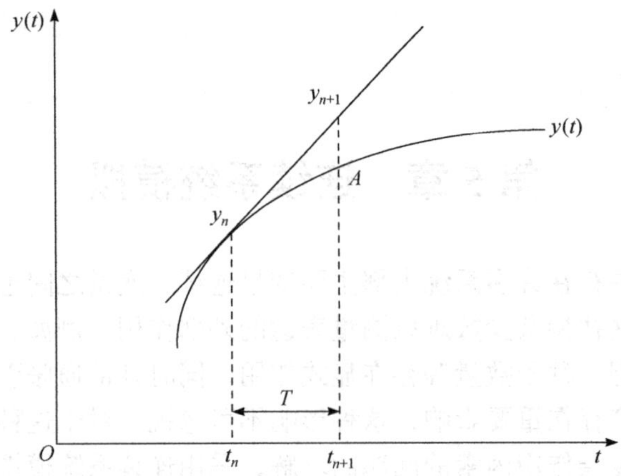

图 5.1　欧拉法近似计算原理

其中，T 为步长（时间增量）；f_n 为 $y(t)$ 在 t 时刻的导数值。

德国数学家龙格和库塔先后提出，用 f 的线性组合来代替 f 的高阶导数项，则可避免计算高阶导数，且可提高数值积分的精度。该法称为龙格-库塔法，如图 5.2 所示。下一时刻的变化量并不取前一时刻的变化率与步长之积，而是取两个时刻的斜率均值与步长之积，即 $y_{n+1}=y_n+T(f_n+f_{n+1})/2$，因此该方法的精度要比欧拉法高。

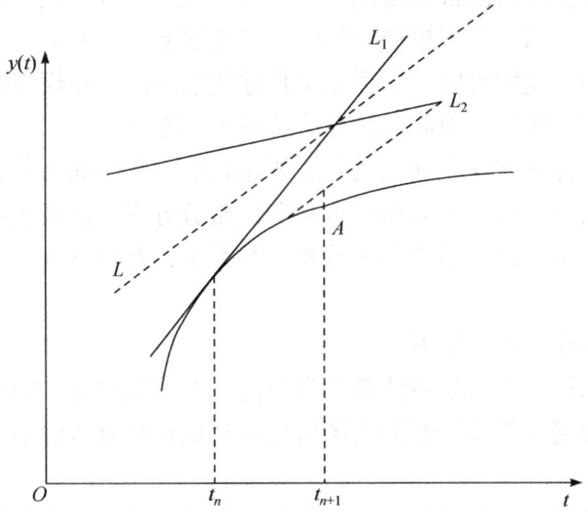

图 5.2　二阶龙格-库塔法几何图形表示

（4）模型的实现。将上述选定的数学模型和作用关系转换为能在计算机上运行的计算机程序。早期一般采用专用的模拟语言或专门的方法软件实现，兼顾编程的复杂性和封装后的局限性，并应用于解决实际工程问题。当前主要逻辑类型已可封装，因此宜使用第三方仿真软件实现。

5.2 系统动力学

5.2.1 主要组成控件

在 AnyLogic 建模过程中，系统动力学流图主要由如下控件构成：①流位（level）；②流率（rate）；③流（flow）；④辅助变量（auxiliary）；⑤常量（constant）；⑥信息的取出；⑦图外的变量；⑧函数；⑨外生变量；⑩延迟环节（delay）；⑪源（source）和漏（sink）。

使用时，可结合 AnyLogic 帮助文件中关于上述控件的说明和示例。虽然不同系统动力学实现软件中的控件都不完全相同，但是同类控件具有相似的使用特征。

5.2.2 系统构建主要步骤

（1）划定系统边界。划定系统边界的准则之一是把系统中的反馈回路考虑成闭合的回路。应力图把与建模目的关系密切、重要的量都划入边界。

（2）找出系统的因果关系环。工程系统中讨论的几乎都是负反馈环，但管理系统中除了负反馈环，还存在指数增长过程的正反馈环，如人口和物质财富等的增长。变量之间的复杂关系常常导致反馈环极性的变化。复杂系统中不仅有正反馈环，而且有负反馈环，常常会出现反馈极性转移的现象，如图 5.3 所示，其中“+”号表示正向反馈，中间用 R 加圆弧标注因果回环性质。

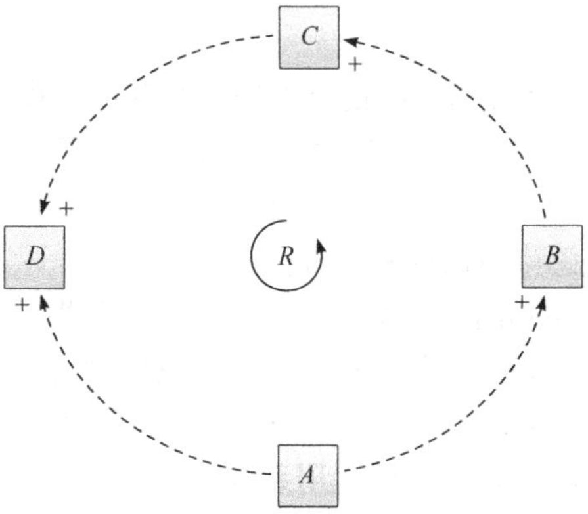

图 5.3 反馈极性转移

（3）找出反馈环中的流位与流率。系统结构的每个反馈环中至少包含两种基本变量，即流位与流率。在任一反馈环中流位变量与流率变量总是同时、交错出现。

（4）确定流率的结构。流率方程表达了系统状态的控制策略，描述了系统流位动态变化的内在规律。确定流率的结构的前提是了解系统运行的机制。管理系统一般由人为控制，需要研究、探索适合人为控制的流率。例如，在人口增长系统中，控制人口总数，要控制人口出生率而不是人口死亡率；在商店系统中，控制商品的存货量，要控制商品的进货率而不是商品的销售率。

5.3　连续系统模型的建模示例

巴斯（Bass）扩散问题是比较经典的系统动力学应用问题，在经济社会中存在众多类似过程和研究，如顾客、潜在顾客、用户的转化，谣言传播听众人数、相信谣言人数、谣言反转人数的变化及相互影响。在众多应用里，有关传染病的传播过程研究近年来随社会现实问题得到重要应用。

5.3.1　基于系统动力学某传染病 SEIR 模型构建

在传统 SEIR 模型中，易感者受到感染之后转化为潜伏者；潜伏者在经过某一时长的潜伏期后，以一定的概率转化为感染者，且潜伏者能感染易感者；感染者经治疗后康复或死亡，从而转化成拥有免疫状态的移除者，不具备传染能力。传统 SEIR 模型的示意图如图 5.4 所示。

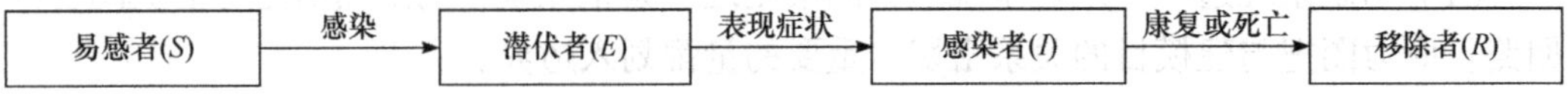

图 5.4　传统 SEIR 模型示意图

传统 SEIR 模型中，$S(t)+E(t)+I(t)+R(t)\equiv N$，其中，$t$ 为时间，N 为人口总数。在没有外界干预的情况下，当 t 趋近无穷大时，$I(t)$无限接近 0，$R(t)$无限接近 N，所有易感者终将会因死亡或康复而成为移除者。但是该模型对人的主观能动性考虑较少，传染病传播的流程也有所缺失，因此并不符合现实中的传染病传播情况。具体来说，传统 SEIR 模型的缺陷如下。

（1）主要模拟病毒在没有任何干涉情况下的自然变迁方式。当某传染病疫情初现时，很多易感者为了规避患病风险而选择主动远离病原体，他们不会成为潜伏者。

（2）没有区分移除者中的康复者和死亡者，且部分潜伏者成为感染者后不会坐以待毙，而是会选择就医，使感染者的康复率提高。

（3）政府和医院等公共部门会认识到病毒强大的威胁性并进行一定的干预，使患病周期缩短、康复率提高。例如，控制人口流动，研发特效药以提高康复速度等。

总之，易感者不会全部转变成潜伏者，实际参与 SEIR 模型的人数要小于人口总数 N。因此，针对某传染病疫情的特点，可以运用系统动力学的思路来对 SEIR 模型做出一定的修正。

5.3.2　SEIR 模型和系统动力学的结合应用

如果将结合系统动力学的 SEIR 模型应用到某传染病疫情分析，需要对该模型做出如下假设。

（1）易感者在正常情况下有固定的接触人数，当某传染病疫情暴发到一定程度时，易感者会进行主动隔离，成为隔离易感者（S_q），不再接触外界的人，以避免被感染。

（2）潜伏者有比易感者更明显的隔离倾向，成为隔离者（I_q），以避免感染到其他人，未隔离的潜伏者将成为暴露人群（I_e）；隔离者与暴露人群均被认为是感染者，且有一定的概率选择入院治疗成为入院患者（H）。

（3）未经过主动隔离的易感者与潜伏者、暴露人群均匀混合，且易感者被暴露人群感染的概率比被潜伏者感染的概率大。

（4）无症状感染者属于潜伏者，暴露人群和隔离者都可能进入医院治疗。

（5）入院患者因接受隔离而几乎失去传染能力，有比暴露人群更大的概率成为移除者（R），这里有 recovered 和 removed 两种解释，前者表示康复者，后者表示从仿真角度看从系统移除，其本质是相同的；反之，暴露人群有比入院患者更大的概率成为死亡者（D）。

（6）不考虑出生、非某传染病病毒导致的死亡和人员迁移等其他影响人口数量变动的因素。

（7）只考虑人与人传播，其他类型的传播途径（如动物传播、环境传播）不参与系统仿真。

综上所述，采用系统动力学方法修正的 SEIR 模型如图 5.5 所示。隔离、就诊、院外治愈和院外死亡之所以标号区分，是因为不同类别的个体采取同一行动的概率是不同的。

（1）易感者要么经过隔离 1 成为隔离易感者，要么接受感染成为潜伏者。

（2）潜伏者可以选择隔离 2 成为隔离者，或者不隔离成为暴露人群。

（3）暴露人群经过就诊 1，隔离者经过就诊 2 成为入院患者。同时，隔离者通过院外治愈 1，暴露人群通过院外治愈 2 成为康复者；隔离者通过院外死亡 1，暴露人群通过院外死亡 2 成为死亡者。

（4）入院患者通过院内治愈成为康复者，或经过院内死亡成为死亡者。

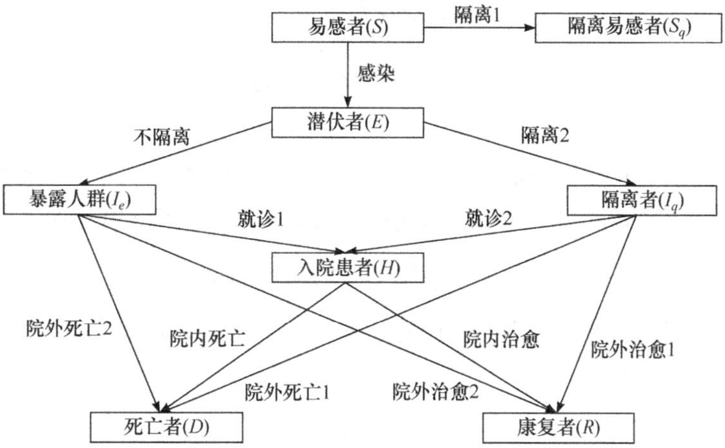

图 5.5　采用系统动力学方法修正的 SEIR 模型

从系统动力学的观点来看，图 5.5 中方块表示某一特定的时间点上各类人群的结存数量，相当于数学中的积分概念，是一个能积累的量，故统称为存量。箭头表示一定时期内从某一存量到另一存量的变动数值，相当于数学中的速率或导数概念，故统称为流量。存量和流量的变动都受到相关参数和变量的影响。修正的 SEIR 模型中各参数的定义如表 5.1 所示。

表 5.1　模型参数定义

参数	定义
C	日均接触人数/人
δ_1	易感者接受隔离成为隔离易感者的概率
δ_2	潜伏者接受隔离成为隔离者的概率
α	潜伏者入院就诊的概率（简称就诊率）
β_i	易感者接触感染者而被感染的概率（简称感染者接触感染率）
β_e	易感者接触潜伏者而被感染的概率（简称潜伏者接触感染率）
γ_o	感染者在院外治愈的概率（简称院外治愈率）
γ_h	感染者在院内治愈的概率（简称院内治愈率）
p_i	患病周期
p_n	潜伏期

各存量变动的微分方程与各流量的变动息息相关。因此，首先确定各流量的表达式。

（1）隔离 1 表示从易感者到隔离易感者的变动，隔离 2 表示从潜伏者到隔离者的变动，不隔离表示从潜伏者到暴露人群的变动，他们受参数 δ_1 和 δ_2 的影响：

$$\begin{cases} \text{隔离}1 = S\delta_1 \\ \text{隔离}2 = \dfrac{E\delta_2}{p_n} \\ \text{不隔离} = \dfrac{E(1-\delta_2)}{p_n} \end{cases} \tag{5.2}$$

（2）感染表示从易感者到潜伏者的变动，受参数 C、β_e、β_i 和 δ_2 的控制。已知潜伏者接受隔离成为隔离者的概率为 δ_2，入院患者日均接触人数为 $C(1-\delta_2)$：

$$\text{感染} = S[E\beta_e C + I_e\beta_i C(1-\delta_2)] \tag{5.3}$$

（3）就诊 1 表示从暴露人群到入院患者的变动，就诊 2 表示从隔离者到入院患者的变动，均受参数 α 的影响：

$$\begin{cases} \text{就诊}1 = I_e\alpha \\ \text{就诊}2 = I_q\alpha \end{cases} \tag{5.4}$$

（4）院内治愈表示从入院患者到康复者的变动，受参数 γ_h 和 p_i 的影响，院内死亡同理：

$$\begin{cases} 院内治愈 = H\dfrac{\gamma_h}{p_i} \\ 院内死亡 = H\dfrac{(1-\gamma_h)}{p_i} \end{cases} \tag{5.5}$$

（5）院外治愈 1 表示从隔离者到康复者的变动，受参数 γ_o 和 p_i 的影响，院外死亡 1、院外治愈 2 和院外死亡 2 同理：

$$\begin{cases} 院外治愈1 = I_q\dfrac{\gamma_o}{p_i} \\ 院外死亡1 = I_q\dfrac{(1-\gamma_o)}{p_i} \\ 院外治愈2 = I_e\dfrac{\gamma_o}{p_i} \\ 院外死亡2 = I_e\dfrac{(1-\gamma_o)}{p_i} \end{cases} \tag{5.6}$$

根据式（5.2）～式（5.6）的流量变化导数，得到包含每个存量随时间动态变化的微分方程组：

$$\begin{cases} \dfrac{\mathrm{d}S}{\mathrm{d}t} = -S\left\{\dfrac{C[E\beta_e + E_x\beta_i(1-\delta_2)]}{N} + \delta_1\right\} \\ \dfrac{\mathrm{d}S_q}{\mathrm{d}t} = S\delta_1 \\ \dfrac{\mathrm{d}E}{\mathrm{d}t} = \dfrac{SC[E\beta_e + I_e\beta_i(1-\delta_2)]}{N} - \dfrac{E}{p_n} \\ \dfrac{\mathrm{d}I_e}{\mathrm{d}t} = \dfrac{E(1-\delta_2)}{p_n} - I_e\alpha - \dfrac{I_e}{p_i} \\ \dfrac{\mathrm{d}I_q}{\mathrm{d}t} = \dfrac{E\delta_2}{p_n} - I_e\alpha - \dfrac{I_q}{p_i} \\ \dfrac{\mathrm{d}H}{\mathrm{d}t} = I_q\alpha + I_e\alpha - \dfrac{H}{p_i} \\ \dfrac{\mathrm{d}D}{\mathrm{d}t} = \dfrac{(I_q + I_e)(1-\gamma_o) + H(1-\gamma_h)}{p_i} \\ \dfrac{\mathrm{d}R}{\mathrm{d}t} = \dfrac{(I_q + I_e)\gamma_o + H\gamma_h}{p_i} \end{cases} \tag{5.7}$$

AnyLogic 由俄罗斯圣彼得堡大学的分布式计算网络（distributed computation network）研究小组开发，是一款新兴的综合多方法的仿真软件。它强调系统分析的功能，用于设计包括离散、连续和混合行为在内的复杂社会系统（桂寿平等，2010）。AnyLogic 具备窗口化的开发环境，包括项目窗口和面板窗口。它依托 Java 平台实施底层建模，在面板中集成了系统动力学建模库、道路交通库、流程建模库、状态图和行动图、统计分析库等多个适合仿真建模的组件。目前，AnyLogic 依靠强大的分析能力，广泛应用于系统动力学、离散事件建模和智能体建模等领域。因此，本章使用 AnyLogic，以某市的某传染病疫情传播情况为例，实现上述基于系统动力学的 SEIR 模型的仿真。

5.4　基于 SEIR 模型的某传染病传播模型实现

5.4.1　存量流量设计

运用 AnyLogic 中的"系统动力学"组件绘制图 5.6 所示的存量流量图。其中，带双三角的箭头表示流量，方框表示存量，方框中用"< >"括起文字的存量为影子存量。指向影子存量和指向存量的效果是一致的，设计影子存量是为了更加方便地观察暴露人群和隔离者分别向死亡者和康复者转化的情况。

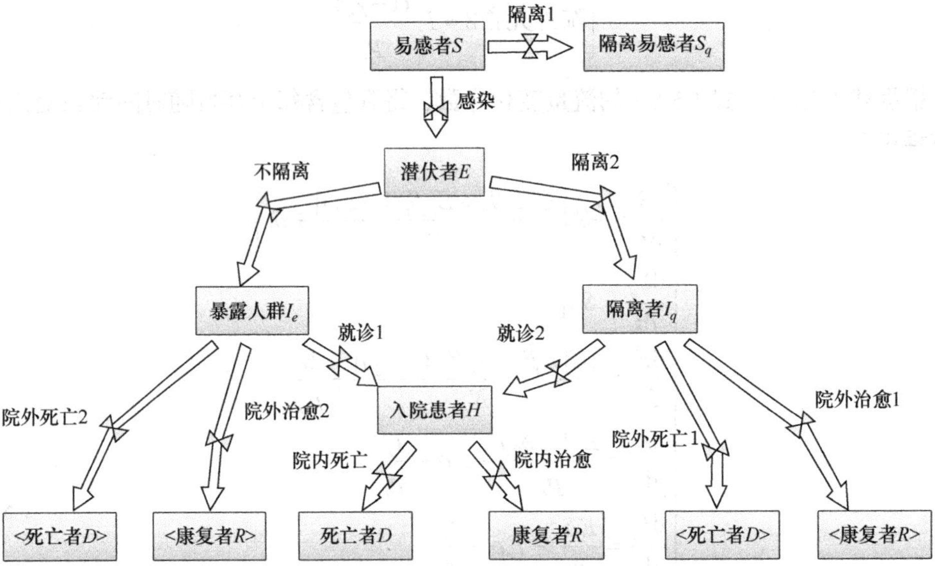

图 5.6　用 AnyLogic 绘制的存量流量图

系统动力学仿真和 SEIR 模型对参数的取值都具有较强的敏感性，若参数设置不合理，则仿真结果会产生较大的偏差。根据 5.3 节构建的模型对参数进行合理取值，如表 5.2 所示。

表 5.2　模型参数取值

参数	取值
t_0	2020 年 1 月 16 日
N	11 212 000
E_0	54
I_{e0}	54

续表

参数	取值
I_{q0}	0
C	25
δ_1	0
δ_2	0.1
α	0.8
β_i	0.054
β_e	0.027
γ_o	0.8
γ_h	0.9
p_i	10
p_n	7

（1）起始时间 t_0。虽然早在一个月之前就发现了不明原因某传染病患者并进行了报道，但是当时对病情的统计情况不够完整，造成了相关数据的缺失，故将该日作为实施仿真的第一天不利于保证实验的真实性。随着疫情的发展，对受疫情影响的各类群体的统计日趋准确。某市于 2020 年 1 月 23 日上午 10 点开始封城，此前的疫情态势与某传染病病毒在自然界的发展状况基本吻合，故取封城前一周的日期（即 2020 年 1 月 16 日）作为实施仿真的第一天。

（2）人口总数 N。参考统计数据，将某市人口总数 N 设置为 11 212 000 人。

（3）潜伏者初始人数 E_0 和感染者初始人数 I_0。由于潜伏者人数在疫情暴发初期难以观测，故设定 $E_0 = I_{e0}$，I_{e0} 可以通过国家卫生健康委员会公布的某市每日累计确诊病例数、累计治愈病例数和累计死亡病例数作为原始数据计算得到，E_0 和 I_{e0} 均为 27 人。考虑到传染病检测的滞后性，将 E_0 和 I_{e0} 的数值均扩大 1 倍，设定为 54 人。绝大多数潜伏者没有意识到传染病的严重性而不会选择主动隔离，故近似地取 $I_{q0} = 0$。

（4）就诊率 α。由于医疗人力资源日益丰富，全国县域内就诊率于 2020 年达到了 90%以上。排除部分患者对病情有所疏忽的情况，取就诊率 $\alpha = 0.8$。

（5）接触感染率 β。感染者接触感染率 β_i 和潜伏者接触感染率 β_e 由于难以计量而缺乏相关的统计数据。采用马尔可夫链蒙特卡罗（Markov chain Monte Carlo，MCMC）方法进行二维吉布斯采样（Gibbs sampling），结果显示，感染者接触感染率平均为 0.054 75（95%置信区间：0.5386～0.5566）（汪剑眉和李钢，2020）；易感者单次接触感染者而被感染的概率为 0.0525，且潜伏者接触感染率更低（喻文等，2020）。综合考虑，设 $\beta_i = 0.054$，$\beta_e = 0.027$。

（6）院内治愈率 γ_h。由疫情早期某传染病医院的某传染病治疗数据可知，前 41 例患者的死亡率为 15%，前 99 例患者的死亡率为 11%。国家卫生健康委员会公布的数据表明，1 月 27 日的某传染病治愈率仅为 1.3%，2 月 11 日的某传染病治愈率上升为 10.6%。鉴于疫情初期，病例人数增长过快、诊断不及时、医疗资源不够充足且人们对病毒的认知不够成熟，取院内治愈率 $\gamma_h = 0.9$。

（7）院外治愈率 γ_o。某传染病属于自限性疾病，病毒在人体内发展到一定程度后能自动停止蔓延，患者可以依靠自身的免疫力逐渐康复。这证明了某传染病具有较高的自愈率，设院外治愈率 $\gamma_o = 0.8$。

（8）潜伏期 p_n。相关专业医疗机构称，某传染病病毒的潜伏期大约为 7 天；多数学者对疫情初期的研究也支持潜伏期为一周的结论，故将潜伏期设置为 7 天，即 $p_n = 7$。

（9）患病周期 p_i。某传染病从确诊到治愈或死亡的平均时间为 10 天（Bjornstad et al., 2020），故将患病周期设置为 10 天，即 $p_i = 10$。

使用 AnyLogic 的“系统动力学”组件在存量流量图中添加参数和变量。如图 5.7 所示，圆形表示变量，右上有三角形的圆形表示参数，存量、参数和变量都由指向某些流量的线条来表明其与这些流量的联系。

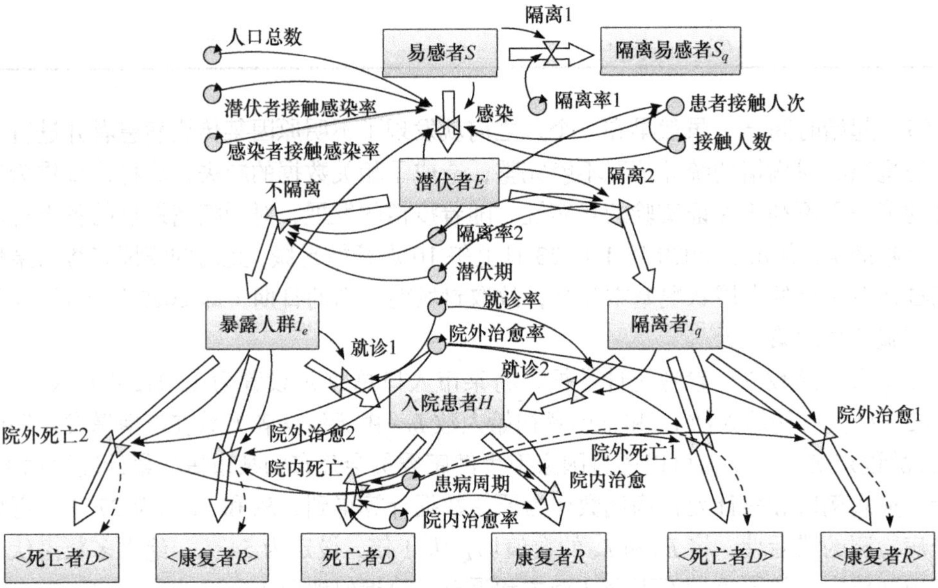

图 5.7　添加参数和变量的存量流量图

5.4.2　输出的收集与统计

图 5.7 由于涉及的量较多而显得比较复杂，如果直接观察它，是不便于分析各类人群的变化情况和比例关系的，因此我们画出折线图来更加直观地显示每个存量随时间的变动情况，画出饼图来表征它们在某一时间点的比例关系。

图 5.8 为运用 AnyLogic“（统计）分析”组件画出的时间折线图，以观察各类病毒携带者人数占比变化情况。潜伏者、入院患者、暴露人群和隔离者的人数占比分别用紫色、蓝色、棕色和灰色表示。

为了更方便地观察某传染病疫情的拐点，把潜伏者、入院患者、暴露人群和隔离者统一表示为携带者，其人数占比用黄色表示，而死亡者和治愈者的人数占比分别用红色和绿色表示，详细彩图可扫描图 5.9 中的二维码进行浏览。

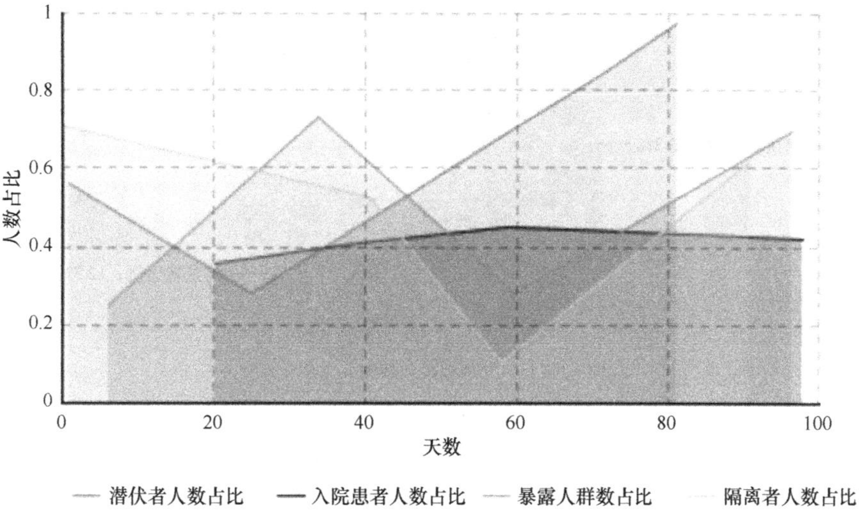

图 5.8 反映各类病毒携带者人数占比变化情况的折线图

扫一扫，看彩图

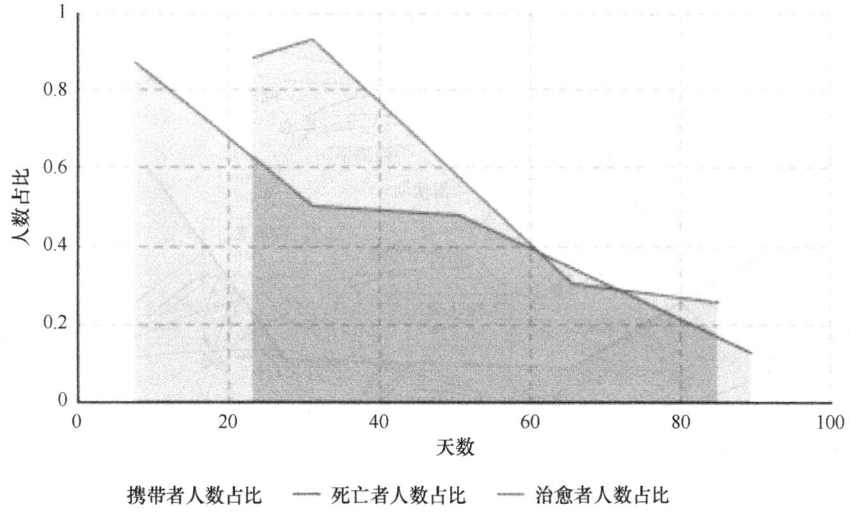

图 5.9 反映受病毒影响的各类人群人数占比变化情况的折线图

扫一扫，看彩图

图 5.10 为运用 AnyLogic“（统计）分析”组件画出的饼图，以观察在疫情发展进入稳定阶段时包括感染者、潜伏者、治愈者和死亡者在内的人口比例。

5.4.3 模型运行与修正

此时，传染病传播模型构建完毕，可以直接运行。首先对没有任何外界干预措施的某市某传染病疫情传播情况实行仿真。

将图 5.11～图 5.13 进行对比可知，在所有流量中，除了“隔离 1”始终为 0，其他流量均随着时间的推移先增大、后减小。这说明在整个 SEIR 模型运行的过程中，上级

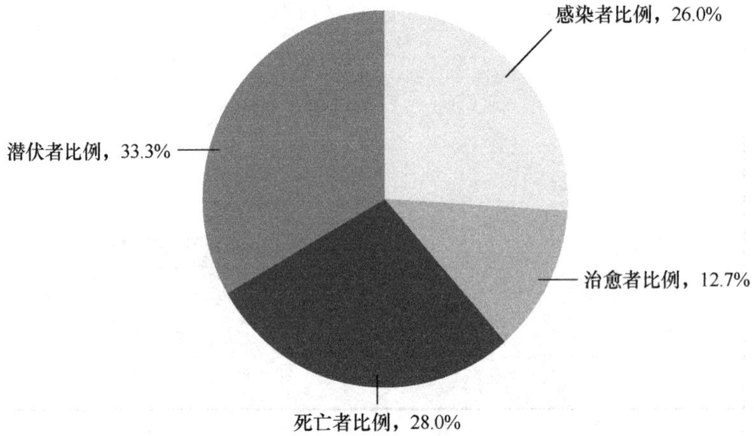

图 5.10　反映各类人群比例的饼图

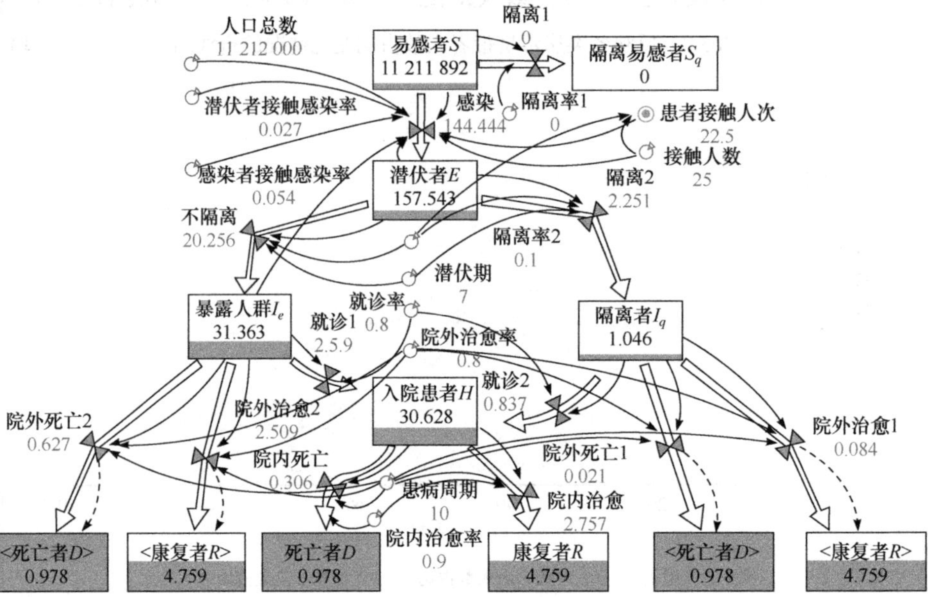

图 5.11　初始阶段的存量流量图

存量向下级存量的变化基本呈现出先快后慢的趋势，系统始终无法达到动态平衡的状态，直到易感者全部转化为康复者或死亡者。

从图 5.14 中可以观察到，潜伏者人数在第 10 天开始剧增，在第 22 天达到峰值（约 560 万人），然后迅速下降。入院患者人数的变化虽然滞后于且略微平缓于潜伏者人数，但变化过程是相似的，其在第 15 天开始激增，在第 30 天左右达到峰值（400 万人），然后较为快速地下降。暴露人群数在第 20 天左右呈现上升趋势，在第 25 天左右达到峰值（70 万人），然后缓慢降低。最应该注意到的是，隔离者人数虽然也在第 25 天左右达到峰值，但是其相对于暴露人群数少之又少。

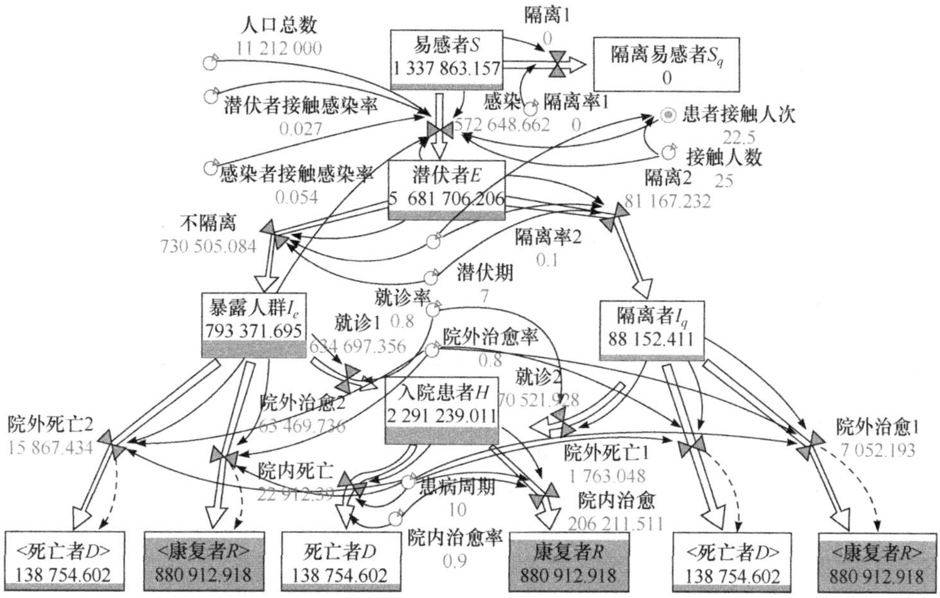

图 5.12　运行中期（第 20 天）的存量流量图

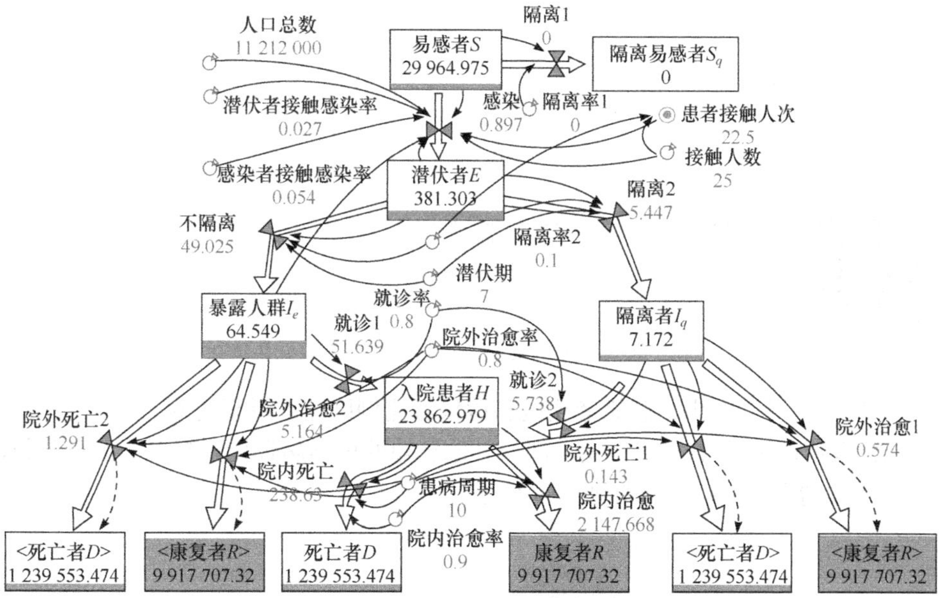

图 5.13　稳定期的存量流量图

从图 5.15 中可以看到，携带者人数在第 15 天左右开始呈指数型增长，经过一段时间的自由发展后，在第 25 天达到峰值（900 万人）。治愈者人数和死亡者人数几乎于同期开始迅速增长。可喜的是，治愈者人数总是远远大于死亡者人数。在疫情进入稳定期时，治愈者人数达到 991.7 万人，而死亡者人数仅 124 万人。

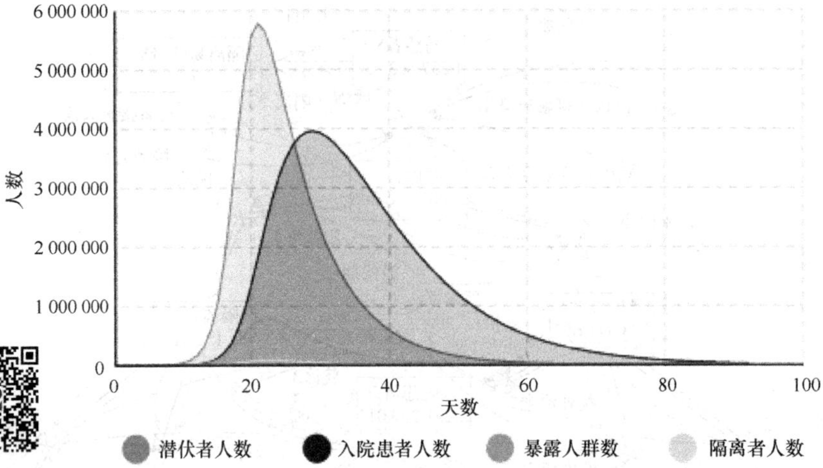

扫一扫，看彩图

图 5.14　第 1～90 天的各类病毒携带者人数变化情况

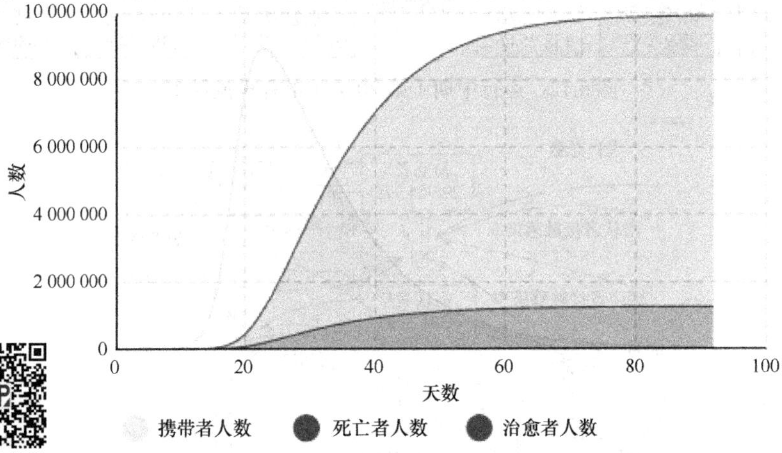

扫一扫，看彩图

图 5.15　第 1～90 天的受病毒影响人群人数变化情况

从图 5.16 中可以看出，感染者比例和潜伏者比例已经下降至约 0，治愈者比例达到 89%，死亡者比例则是 11%。这比大部分其他已知的传染病致死率都高，而且此数值与没有人工干预情况下的病毒自然死亡率相近。

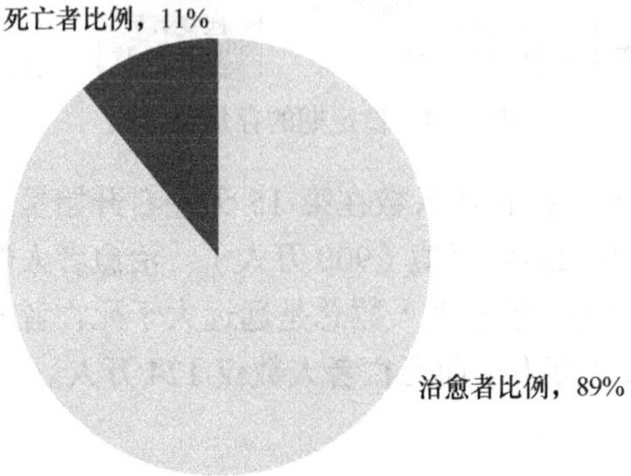

图 5.16　第 90 天的各类人群比例

以上的仿真结果充分说明，本章所建立的 SEIR 模型是符合病毒自然蔓延规律的。如果没有任何来自政府或医院的严格干预措施，且人们对病毒的肆意蔓延无动于衷、不及时自我防护，那么包括隔离者在内的各类病毒携带者人数均会以超乎寻常的速率增长，并很快达到峰值。病毒的肆意蔓延将会对当地人民的生命健康造成重大威胁，进而易引起更大范围的恐慌。因此，我们有必要在 SEIR 模型中修改和增减参数，体现封城、限制市内交通、搭建方舱医院等外部措施，以使仿真结果更符合有现实干预的情况。

根据以上情况，在仿真过程中，当地防疫部门在 24 日决定启动本地重大突发公共卫生事件Ⅰ级响应，要求各地采取可靠的防控隔离措施，减少人员流动，降低感染风险；暂停运营公交、地铁、轮渡、长途客运等各类市内交通，暂时关闭火车站、机场等。因此，我们需要模拟有人工干预条件下的某传染病疫情传播状况。

在 AnyLogic 中执行 Main（主工程）→Simulation（仿真工程）命令，利用“控件”组件下的“编辑框”来实现对模拟开始时的存量和参数设置。通过在 Main 中添加“编辑框”，可以对疫情发展过程中的参数进行修改。调整前后的参数取值和调整时间如表 5.3 所示。

表 5.3　调整参数和调整时间表

参数	原值	调整后取值	调整时间
C	25	12	t_0+7 天
α	0.8	0.9	t_0天
β_i	0.054	0.036	t_0+7 天
β_e	0.027	0.018	t_0+7 天
γ_h	0.9	0.98	t_0+17 天
δ_1	0	0.01, 0.1	t_0，t_0+7 天
δ_2	0.1	0.9	t_0+17 天
p_i	10	8	t_0+17 天

由于传染病预防机制存在一定的时滞性，在疫情发展初期，一般遵循病毒自然传播过程，防控措施和医疗资源增加的作用在一定时间段后才能体现。因此，参数调整一共包括三个时间点：①民众的自我防护，如提高就诊率，体现在仿真开始时（即第 t_0天）；②政府的强制干预，包括封城、加大患者排查力度等，体现在仿真开始后的一周（即第 t_0+7 天）；③医疗水平的提升，如建立战时医院，以 2 月 2 日为时间点（即第 t_0+17 天）。

（1）在采取严格管控措施的前提下，易感者每天接触的感染者和潜伏者人数将会下降为原来的 1/2，易感者被感染的概率减少至原来的 2/3，故将日均接触人数 C 从 25 人下调为 12 人，感染者接触感染率 β_i 和潜伏者接触感染率 β_e 分别从 0.054 和 0.027 下调至 0.036 和 0.018，均在第 t_0+7 天发生改变（周涛等，2020）。

（2）在疫情发展初期，各地都出现了不同程度的医疗挤兑现象，某市的医疗设施与医护人员储备迅速告急，装配式抗疫建筑的设计显得十分必要（肖伟和宋奕，2020）。

为了应对医疗资源紧张的情况，当地采取了紧急扩增医疗设施的行动。除了现有医疗设施的调配应对，某市开始建设战时医院以治疗重症患者，搭建一批方舱医院来收容轻症患者，故院内治愈率γ_h从 0.9 上升至 0.98，潜伏者接受隔离成为隔离者的概率 δ_2从 0.1 上升至 0.9，均在第 t_0+17 天发生变化。

（3）在疫情发展初期，易感者接受隔离成为隔离易感者的概率 δ_1先在第 t_0天调整至 0.01，以体现人口不断从某市迁出的情况。到封城（即第 t_0+7 天）时调整至 0.1。这是因为虽然封城措施很严格，但一方面，先前就有很多人感染某传染病，另一方面，某传染病病毒的潜伏期造成了病毒暴发存在滞后性，这两方面因素使隔离效果有较大幅度的降低。

（4）先进治疗手段可以有效缩短某传染病治疗的时间，也能在一定程度上提升治愈率。尤其是中医在抗疫斗争中取得了良好的救治效果，并得到国家卫生健康委员会的肯定，因此需要在模型中予以考虑。采用中西医结合治疗某传染病具有良好的效果，使用中药可能使痊愈期提前 2～3 天，治愈率与中医参与也呈现正相关的关系（陈莉莉等，2020）。因此中医参与后，在第 t_0+17 天时，将患病周期 p_i由 10 天缩短至 8 天，同时，将院内治愈率γ_h由 0.9 上调至 0.98。

对加入以上限制条件的某市某传染病传播情况实施仿真，得到如图 5.17～图 5.19 所示的结果。

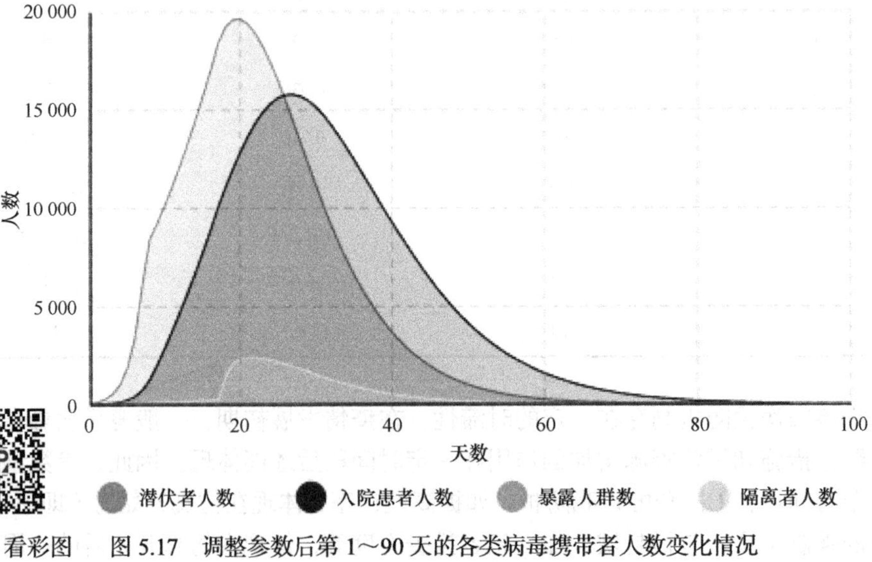

扫一扫，看彩图

图 5.17 调整参数后第 1～90 天的各类病毒携带者人数变化情况

从图 5.17 中可以看出，从封城前的约半周开始，潜伏者人数的上升曲线就显得十分陡峭，而入院患者人数曲线的斜率比潜伏者人数曲线的斜率要小一些，暴露人群数则增长缓慢。在第 7 天，即封城当天，潜伏者人数达到近 8000 人，而入院患者人数才刚刚进入快速增长阶段。同时，政府干预措施初见成效，潜伏者人数的增长速度有所放缓。到第 17 天，在医疗技术提升的作用下，暴露人群数直线下降，隔离者人数激增至 2000 人左右。潜伏者人数在第 19 天达到峰值（约 19 500 人）；入院患者人数的峰值约为 16 000

人，于第 25 天达到，后者比前者滞后了近一周。

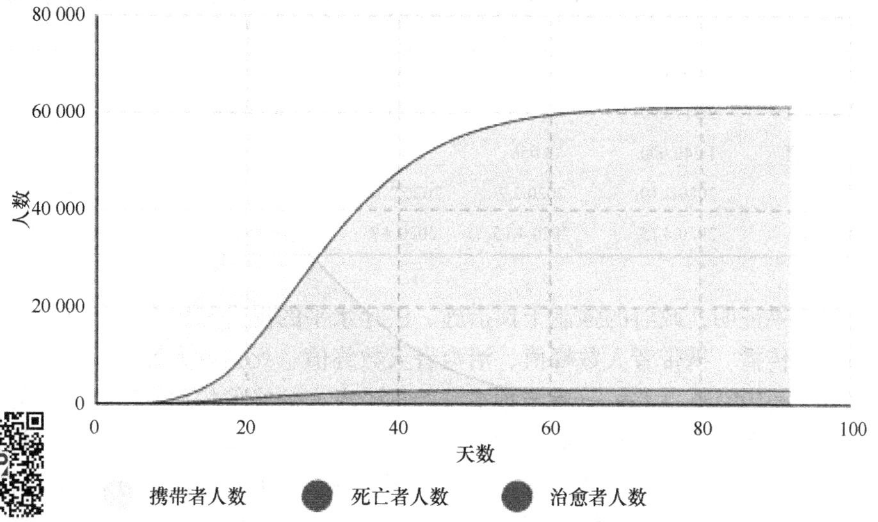

扫一扫，看彩图

图 5.18 调整参数后第 1～90 天的受病毒影响人群人数变化情况

从图 5.18 中可以看出，携带者人数于第 3 天开始剧增，到封城当天（即第 7 天），其增长趋势有所放缓，并在第 22 天达到峰值（约 39 500 人）。治愈者人数和死亡者人数的增长曲线在发展趋势上几乎相同，均在第 17 天左右开始有较大幅度的上升，只是死亡者人数的增长速度远慢于治愈者人数，到第 90 天，两者的发展趋向平稳，最终分别稳定至 61 372 人和 3056 人。

从图 5.19 中可以看出，死亡者比例为 5%，与添加干预措施前（11%）相比有大幅度的降低。

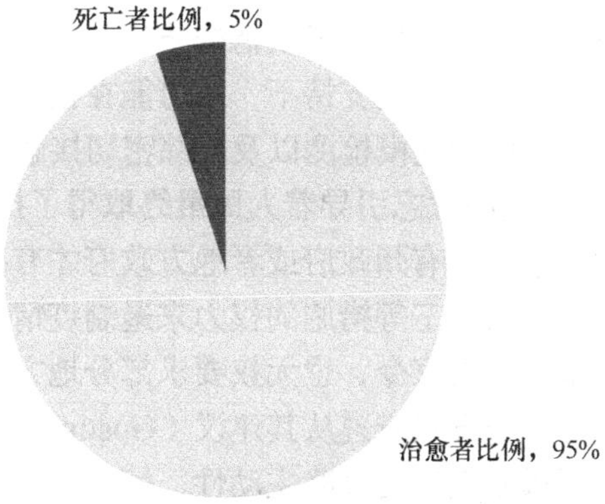

图 5.19 调整参数后第 90 天的各类人群比例

表 5.4 为无干预措施的仿真结果、有干预措施的仿真结果和实际情况下某市的疫情数据对比。某市的疫情数据来自 2020 年 1 月 16 日～4 月 15 日的国家卫生健康委员会官方网站。其中，实际情况下疫情稳定期以某市解除封城的日期为准。

表 5.4　疫情数据对比表

数据	无干预措施的仿真结果	有干预措施的仿真结果	实际数据	有干预措施的仿真结果占比	有干预措施的仿真结果与实际数据的误差
携带者人数峰值	9 000 000	39 500	38 020	4.39‰	+3.89%
治愈者人数终值	9 917 000	61 372	47 283	6.19‰	+29.80%
死亡者人数终值	1 240 000	3 056	2 579	2.46‰	+18.50%
疫情拐点	2020.2.10	2020.2.7	2020.2.18		−11 天
疫情稳定期	2020.4.15	2020.4.15	2020.4.8		+7 天

以上的结果证明，政府的强制干预措施、医疗水平的提升和民众的自我防护可以有效控制病毒的传播。携带者人数峰值、治愈者人数终值、死亡者人数终值分别降低为原先的 4.39‰、6.19‰及 2.46‰。有干预措施的携带者人数峰值的仿真结果与实际数据基本一致，前者比后者多 3.89%，有干预措施的治愈者人数终值和死亡者人数终值的仿真结果比实际数据多 29.80%与 18.50%，也比较符合现实情形。因为官方难以统计到潜伏者人数，所以疫情拐点和疫情稳定期的估计偏差相对要大一些，有干预措施的仿真结果比实际数据分别早 11 天和晚 7 天。

由此可以得到如下结论：有干预措施的 SEIR 模型预测的携带者人数与实际数据有较好的吻合度，仿真结果与实际数据的差距得到大幅度缩减。也就是说，添加干预措施的 SEIR 模型在表现某传染病疫情传播方面有着更高的准确度，可以预测某市某传染病疫情从暴发到拐点，最终走向稳定的全过程。

5.4.4　模型验证与分析

1. 政府调控对某传染病疫情防控的影响

不可否认的是，政府的决策对某传染病疫情的防治起着至关重要的作用。作为具有较好组织优势国家，在人民群众的广泛支持下，政府能在很短的时间内采取强有力的疫情防控措施——严格封城、开展大规模检测以及追踪密切接触者。正是政府部门非凡的韧性、高效的适应性、自力更生的意志引导着人民最终取得了抗疫攻坚战的阶段性胜利。对于那些弱政府的联邦制国家，只有州政府或者地方政府才有决定是否在本级政府的辖区之内实行隔离、检疫、停工或复工等措施的权力来遏制疫情的蔓延。联邦政府无法通过行政命令以施行全国范围内的居家令，也无权要求部分地方封城。联邦政府只能采取削减财政资金的办法，来引导地方政府遵从其建议（Gostin et al.，2020）。也就是说，联邦制与分权的组合制约了遏制疫情的战略主动性，使得疫情初期的宝贵时间被浪费，疫情的防控效果也随之大打折扣。

下面采用本章构建的 SEIR 模型来具体分析政府调控手段实施的早晚对某传染病传播的影响。分别改变表 5.3 中 C、β_i 和 β_e 的调整时间为 t_0+3 天、t_0+5 天、t_0+10 天与 t_0+15 天，γ_h、δ_1、δ_2、p_i 的调整时间为前三者的调整时间再过 10 天，其他条件不变，得到如图 5.20～图 5.22 所示的仿真结果。

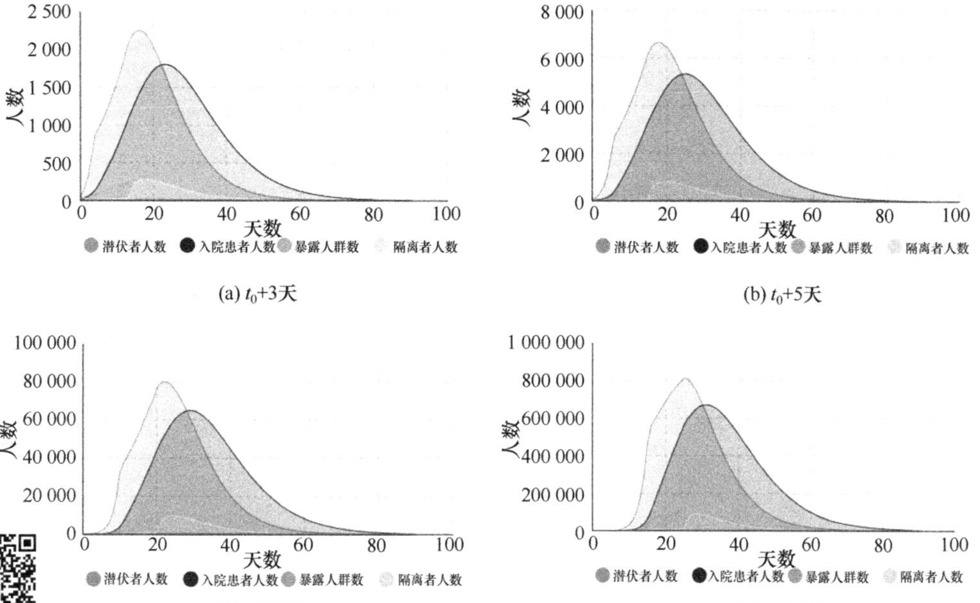

(a) t_0+3天　(b) t_0+5天

(c) t_0+10天　(d) t_0+15天

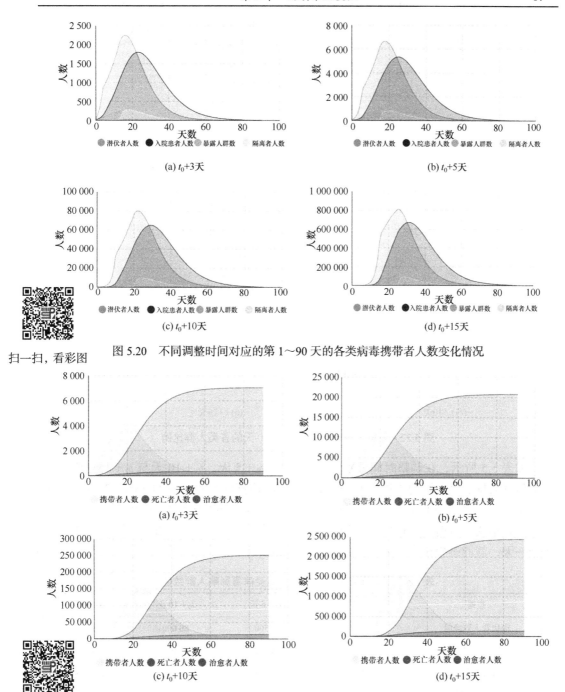

图 5.20　不同调整时间对应的第 1～90 天的各类病毒携带者人数变化情况

扫一扫，看彩图

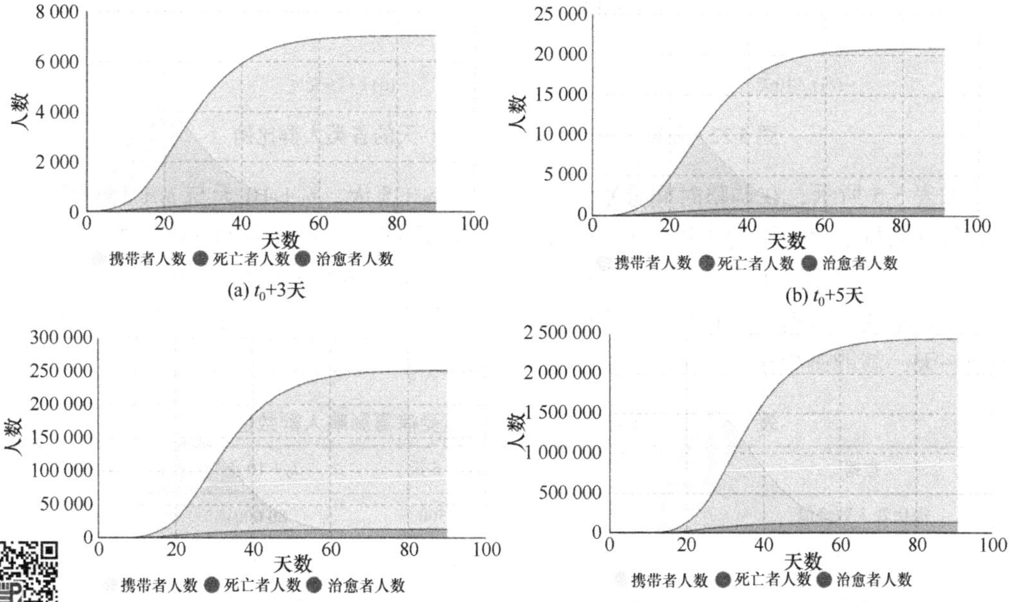

(a) t_0+3天　(b) t_0+5天

(c) t_0+10天　(d) t_0+15天

图 5.21　不同调整时间对应的第 1～90 天的受病毒影响人群人数变化情况

扫一扫，看彩图

从图 5.20 和图 5.21 中可以看出，改变 C、β_i 和 β_e 的调整时间，即改变防疫政策实施的时间对某传染病疫情发展的变化趋势影响不大，与调整时间为 t_0+7 天时大同小异。从图 5.22 中可以看到，治愈者比例和死亡者比例的变化也几乎可以忽略。

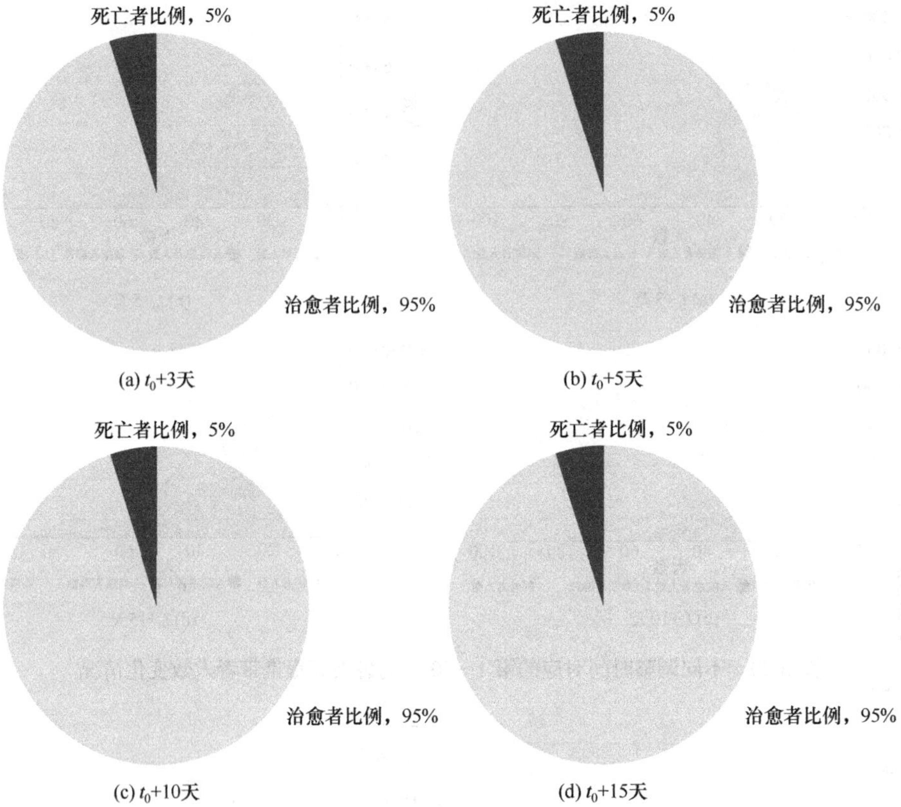

图 5.22　不同调整时间对应的第 90 天的各类人群比例

如表 5.5 所示，在调整时间分别为 t_0+3 天、t_0+5 天、t_0+10 天与 t_0+15 天时，相应的仿真数据的值分别约为调整时间为 t_0+7 天时仿真数据的值的 11.13%、32.5%、3.94 倍及 40 倍。这说明如同蝴蝶效应，调整时间的微小变化导致仿真数值产生了非常大的变动。也就是说，政府采取措施的时间对某传染病疫情防控有着很大的作用，只要早采取措施一天，就能避免很大的人员伤亡，反之亦然。

表 5.5　不同调整时间对应的各类受病毒影响人群数值

数据	t_0+3 天	t_0+5 天	t_0+10 天	t_0+15 天
潜伏者人数峰值	2 250	6 500	80 000	805 000
入院患者人数峰值	1 780	5 200	63 000	640 000
携带者人数峰值	4 050	12 000	148 000	1 510 000
治愈者人数终值	7 052	20 793	251 901	2 448 000
死亡者人数终值	348	1 030	12 745	131 282
潜伏者人数峰值变化	11.54%	33.33%	4.10 倍	41.28 倍
入院患者人数峰值变化	11.13%	32.50%	3.94 倍	40 倍
携带者人数峰值变化	10.25%	30.38%	3.75 倍	38.23 倍

续表

数据	t_0+3 天	t_0+5 天	t_0+10 天	t_0+15 天
治愈者人数峰值变化	11.49%	33.88%	4.10 倍	39.89 倍
死亡者人数峰值变化	11.39%	33.70%	4.17 倍	42.96 倍

2. 医疗资源对某传染病疫情防控的影响

除了政府调控措施，医疗资源数量的多寡、分配的合理与否也影响着某传染病疫情的防控效果。一方面，为了缓解疫情初期疫区床位紧缺、药物不足等问题，从各地政府和军队调集了多支国家医疗队、医务人员和公共卫生人员以及大量的医疗物资驰援某市，同时，迅速搭建战时医院和方舱医院，使患者的收容量大大增加（肖伟和宋奕，2020）。另一方面，互联网智慧医疗的快速发展解决了传统医疗存在的看病难等问题，再结合日趋先进的医疗技术，使得破解疑难杂症成为可能（陈希曦，2019）。在疫情暴发初期，部分健康网站、手机应用程序与医院联合，共同推出了线上义诊行动，有效缓解了医疗卫生资源紧缺所造成的“一床难求”现象，降低了大量患者一起涌入医院就诊所造成的院内交叉感染的风险（翟瑜菲等，2020）。因此，我们可以分析医疗资源对某传染病疫情防控的影响。

以院内治愈率 γ_h 和潜伏者接受隔离成为隔离者的概率 δ_2 来表示医疗资源对某传染病疫情防控的影响。γ_h 的数值大表示患者容易接受高水平的医疗服务，延误最佳治疗时机而死亡的可能性低；δ_2 的数值大则表示医院的床位数多，患者可以得到严格隔离，医护人员等院内人士被感染的概率低。在其他参数的调整状况不变的情况下，这两个参数的取值情况及仿真数据如表 5.6 所示。

表 5.6　不同医疗资源下各类受病毒影响人群数值

数据	$\gamma_h=0.95$	$\gamma_h=0.99$	$\delta_2=0.8$	$\delta_2=0.95$
潜伏者人数峰值	19 500	19 000	18 500	17 500
入院患者人数峰值	16 000	15 500	15 000	14 500
携带者人数峰值	37 000	37 000	35 000	32 000
治愈者人数终值	61 041	61 003	60 980	61 476
死亡者人数终值	4 715	2 510	3 023	3 065
潜伏者人数峰值变化	0	−2.56%	−5.13%	−10.2%
入院患者人数峰值变化	0	−3.13%	−6.25%	−9.38%
携带者人数峰值变化	−6.33%	−6.33%	−11.39%	−18.99%
治愈者人数终值变化	−0.54%	−0.60%	−0.64%	0.17%
死亡者人数终值变化	+54.29%	−17.87%	−1.08%	0.03%

从表 5.6 中的数据和图 5.23 可以看出，γ_h 主要影响死亡者人数终值和死亡者比例。γ_h 的值每增大 0.01，死亡者人数终值就会降低约 18%，反之亦然；δ_2 主要影响潜伏者

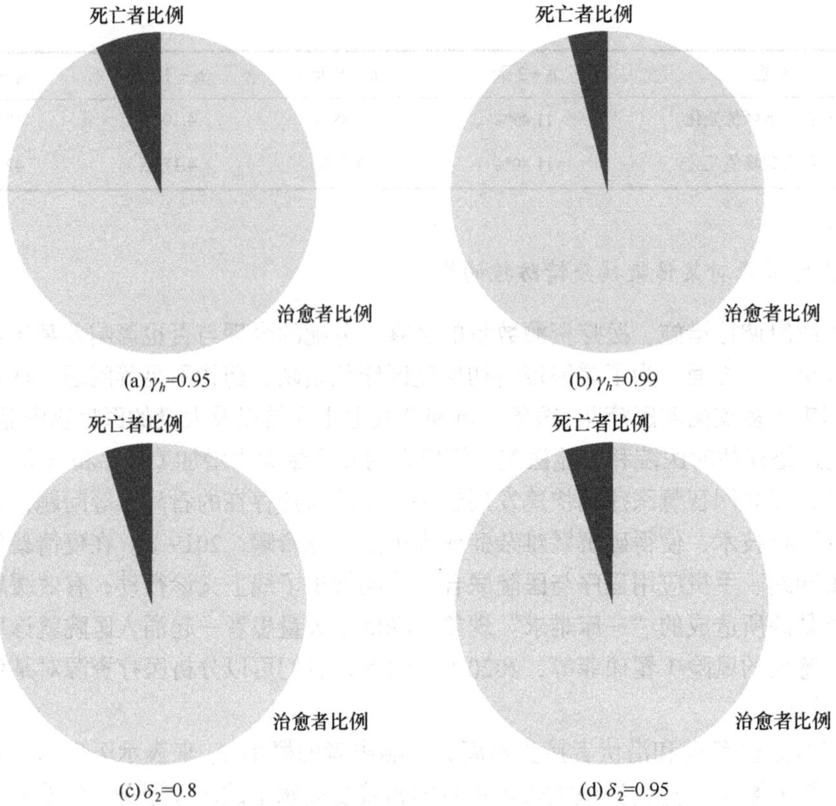

图 5.23　不同医疗资源下第 90 天的各类人群数量比例

人数峰值、入院患者人数峰值和携带者人数峰值，其增大或减小都会降低这三个量的值，且增大 δ_2 对降低它们的值有着更大的作用。δ_2 对其他量则影响甚微，可以忽略不计。这两个参数在某传染病疫情防控方面有着不同的作用，对患者来说，采取措施对提高其院内治愈率很关键；增加隔离率则更能避免易感者感染病毒，防止疫情扩散。

3. 病毒认知对某传染病疫情防控的影响

随着对某传染病病毒结构和生理学特征研究的深入，一些在疫情早期被确认的疾病性质受到了专家学者的怀疑，而这些性质对某传染病疫苗的研发会产生一定的影响，其中，最具有代表性的就是某传染病病毒的潜伏期 p_n。随着时间和防疫情况的发展，越来越多的病例表明 7 天并非某传染病病毒最准确的潜伏期。因此，部分学者对其潜伏期提出了新的看法。Li 等（2020）的研究表明，某传染病病毒的平均潜伏期为 5.2 天。范如国等（2020）认为，某传染病病毒的平均潜伏期达到 10 天左右。王思远等（2020）的研究显示，某传染病病毒的潜伏期可以长达 14 天。以下分析病毒认知（即某传染病病毒的潜伏期）对疫情防控的影响。

从图 5.24 中可以观察到，潜伏期的改变对各类病毒携带者人数的变化趋势影响都很大。潜伏期 p_n 越短，入院患者人数的变化曲线越陡峭，其相对于潜伏者人数的比例也就越高。在 $p_n = 5$ 时，出现了入院患者人数峰值高于潜伏者人数峰值的情况。同时，随着潜伏期的延长，潜伏者人数和入院患者人数趋近于零的时间也有所延长，即疫情的稳定期变长，相应地，抗击疫情的战线也要拉得更长。

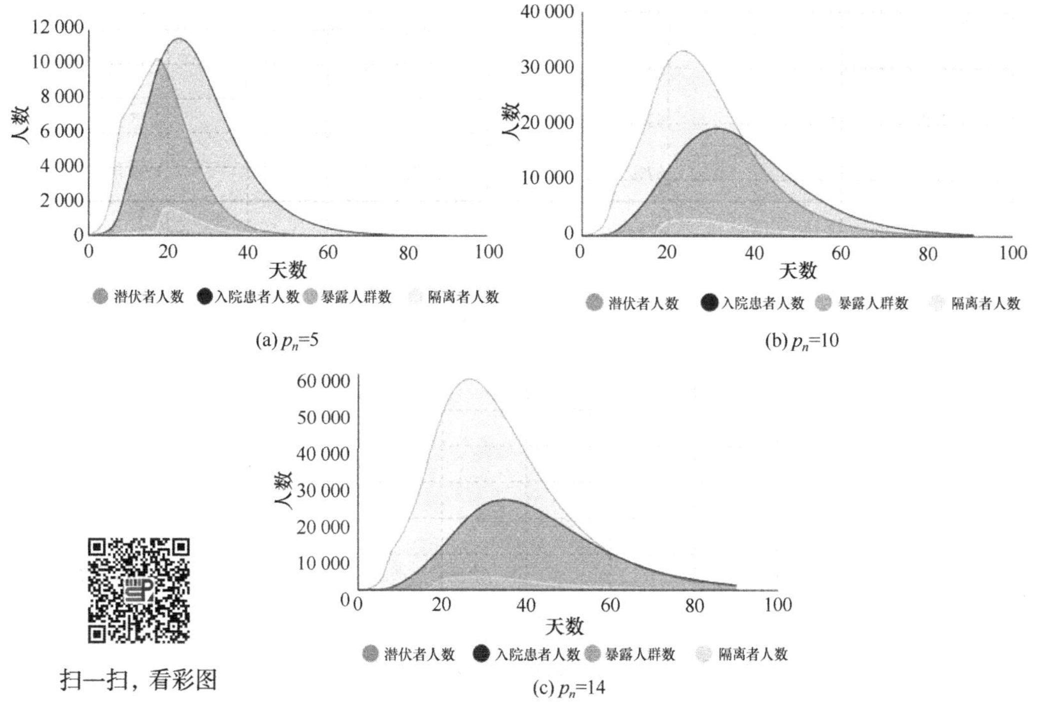

扫一扫，看彩图

图 5.24 不同潜伏期下的第 1～90 天的各类病毒携带者人数变化情况

从表 5.7 中可以看出，随着潜伏期的延长，潜伏者人数峰值、入院患者人数峰值、携带者人数峰值、治愈者人数终值与死亡者人数终值都会增加。潜伏期越长，受病毒影响的人也就越多，疫情越难以防控。结合图 5.25 可以看出，随着潜伏期的延长，死亡者比例有所降低。出现这种情况的原因在于政府和医院可以在患者处于潜伏期、疾病尚未发作的时间段内采取更多有利于某传染病防治的措施，以提高患者的治疗效果，变相地提高治愈率。

表 5.7 不同潜伏期下各类受病毒影响人群数值

数据	$p_n=5$	$p_n=10$	$p_n=14$
潜伏者人数峰值	10 250	32 000	59 000
入院患者人数峰值	11 500	19 500	25 000
携带者人数峰值	22 000	41 000	70 000
治愈者人数终值	38 084	87 819	131 928
死亡者人数终值	2 060	4 152	6 069
潜伏者人数峰值变化	53%	1.64 倍	3.03 倍

续表

数据	$p_n=5$	$p_n=10$	$p_n=14$
入院患者人数峰值变化	72%	1.22 倍	1.56 倍
携带者人数峰值变化	56%	1.04 倍	1.77 倍
治愈者人数终值变化	62%	1.43 倍	2.15 倍
死亡者人数终值变化	67%	1.36 倍	1.99 倍

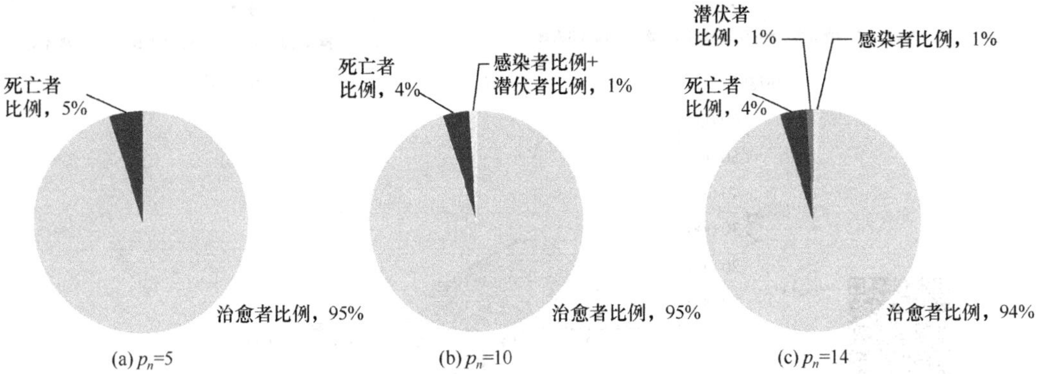

图 5.25　不同潜伏期下第 90 天的各类人群比例

本章所构建的结合系统动力学的 SEIR 模型在预测某传染病疫情传播方面具有较高的准确度。无论是发展的态势、疫情的拐点与结束时间，还是疫情进入平稳期的时间点，都与实际数据差别不大。在模型的验证与分析过程中，我们发现，政府开始采取干预措施的时间对于疫情防控起着最重要的作用。医疗资源的补充和病毒认知的提升也对防止疫情的扩散、降低死亡人数有着一定的效果。

因此，利用该模型来测度某传染病在某市的传播情况，有利于参与疫情防控的各方及时把握传染病的发展态势，选择最有利的时机遏制传染病的传播，以减少对人民生命健康与经济社会秩序的损害。同时，利用该模型来开展疫情模拟演练工作，可以完善疫情预警机制，为将来可能出现的类似传染病疫情做好充分准备。

第 6 章　模型的校核验证与输出统计

6.1　VV&A 技术

仿真系统能否具有实际系统的特点、能否反映实际系统的规律特征，必须经过一定的置信度确认。建模与仿真中主要存在以下方面的验证需求：一是模型建立过程中，为确保设计意图实现而在设计实现过程中进行的重复验证，类似软件开发中的瀑布模型；二是模型建立后，为验证其与实际系统的贴近程度而进行的验证；三是模型的发包方为接收项目而进行的验证，为检验模型是否满足发包方的初始发包意愿。

校核、验证、确认（verification，validation，accreditation，VV&A）技术是保证建模仿真置信度的有效途径。校核、验证、确认三者从中文理解区别不大，但从英文理解还是有差异的。

（1）校核。确定仿真系统是否准确地代表了开发者的概念和设计意图，是否正确地按开发者意图建立了仿真模型，软件实现人员是否正确地实现了开发者的设计。

（2）验证。确定仿真系统代表实际系统的正确性程度，研究仿真系统究竟在多大程度上反映实际系统的情况。

（3）确认。正式地接受仿真系统为专门的应用目的服务的过程，是在校核与验证的基础上，由仿真系统的主管部门和用户组成验收小组，对仿真系统的可接受性和有效性做出正式的确认。

模拟模型的校核解决所建立的模拟模型是否能准确代表系统模型的问题；模拟模型的验证解决模拟模型是否能真正代表所模拟的实际系统的问题。它们的关系如图 6.1 所示，是实际系统、系统模型、模拟模型之间关系的验证。

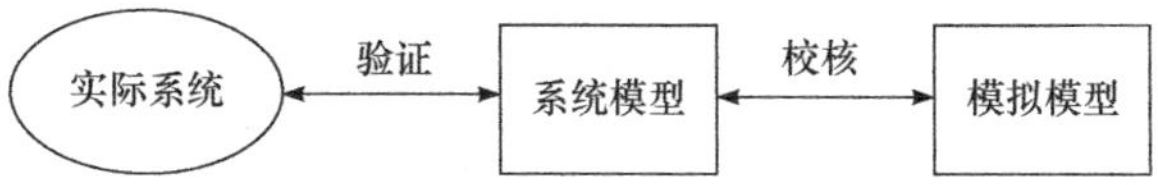

图 6.1　仿真开发中的 VV&A 技术

6.2　系统模型的 VV&A

在建模开发的不同阶段，验证的侧重点不同。在开发模拟程序时，应分块或按子程序分别进行验证；在运行模拟程序时，应重点检查输出的合理性；在验证模拟模型有效性时，应着重验证模拟运行输入输出结果与现实的契合性。在建模开发过程中，变量跟踪是最有效的工具之一。

1. 模型的确认

系统模型确认方法可分为两类：基本（定量）确认方法和定性确认方法。模拟模型确认的要求和方法如下。

1）模型的专家评估确认

（1）直观合理。

（2）模型的灵敏度分析。

2）模型假设的确认

（1）结构假设：流程确认、排队规则确认等。

（2）数据假设：参数初值确认、分布规律确认、特征值确认。

3）模型的输入输出确认

（1）利用实际系统的现有运行数据。

（2）利用实际系统的历史运行数据。

（3）图灵实验。

2. 建模与仿真中的 VV&A 过程

VV&A 贯穿建模与仿真的整个生命周期，在仿真概念模型设计、逻辑模型设计、代码设计阶段都要不断地迭代进行。美军在进行美国国防部（Department of Defense，DOD）仿真项目的建设与验收过程中积累了许多这方面的经验，相关内容被总结成一系列标准，作为仿真项目的 VV&A 借鉴。建模与仿真中的 VV&A 过程见图 6.2。

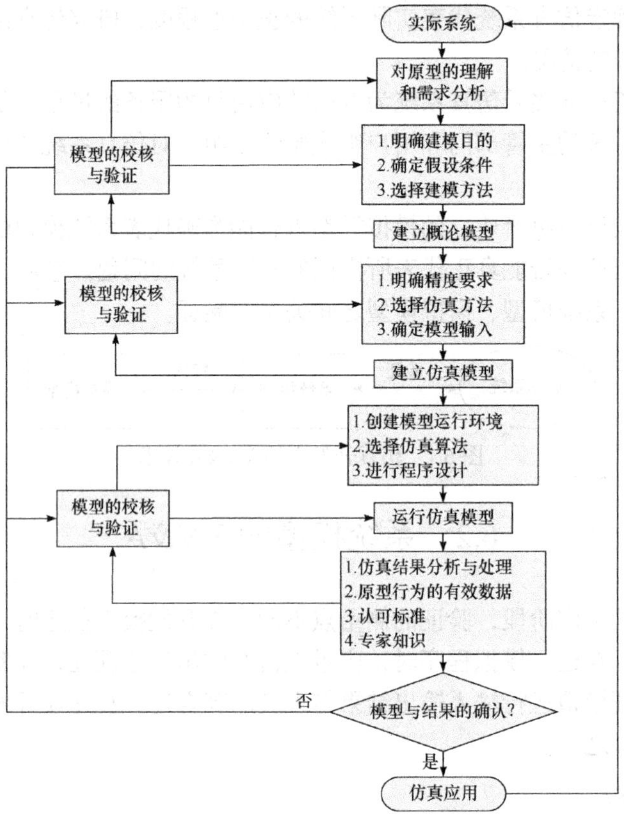

图 6.2 建模与仿真中的 VV&A 过程

6.3　模拟实验设计

6.3.1　定义变量

对模拟实验中的一些主要变量可作如下定义。

（1）因子（factor），即系统的输入变量，由数量因子和质量因子组成。凡是可用数量描述的因子，如服务员数量、到达率、服务率、订货点、提前订货期等，均为数量因子。凡是表示某种结构性假设且不能用数量表示的因子，如排队规则（先进先出、先进后出、优先级队列等）、缺货补充策略等，均为质量因子。

（2）因子水平（level of factor）。模拟输入变量的可能取值或质量因子可取的方案。

（3）处理（treatment）。在规定水平上的因子组合称为一个处理。对某个处理进行模拟将得到一定的输出响应。若共有 m 个因子，每个因子都有 n 个水平，则共可组成 $n\times m$ 个处理。

6.3.2　单因子完全随机化模拟实验设计

单因子完全随机化模拟实验设计是指对每个水平都做模拟实验，每次实验均采用独立的随机数流进行重复模拟运行的实验设计，共有 k 个水平，进行 n 次独立重复实验。

设 τ_j 为第 j 个水平对响应的影响，μ 为总体平均响应，ε_{ij} 为第 j 个水平上第 i 次响应的随机项，它是服从 $N(0,\ \sigma^2)$正态分布的随机变量，Y_{ij} 为第 i 次实验第 j 个水平的响应值，则

$$Y_{ij}=\mu+\tau_j+\varepsilon_{ij}$$

此式表示第 j 个水平的响应围绕 $\mu+\tau_j$ 以随机变量 ε_{ij} 而变化。如表 6.1 所示。当因子的水平可由分析人员离散地选定，而不同水平对响应有固定的影响，并满足 $\sum_{j=1}^{k}\tau_j=0$ 时，这种实验设计称为固定效应模型。

表 6.1　单因子完全随机化模拟实验设计

实验次数 i	因子水平 $1\cdots2\cdots j\cdots k$ 上的响应值	
1	$Y_{11}\cdots Y_{12}\cdots Y_{1j}\cdots Y_{1k}$	
2	$Y_{21}\cdots Y_{22}\cdots Y_{2j}\cdots Y_{2k}$	
⋮	⋮	
n	$Y_{n1}\cdots Y_{n2}\cdots Y_{nj}\cdots Y_{nk}$	
	响应的组内平均 $\overline{Y_1}\cdots\overline{Y_2}\cdots\overline{Y_j}\cdots\overline{Y_k}$	响应的总平均 $\overline{\overline{Y}}$

1. 第 j 个水平对响应的影响分析

对于统计假设：

$$\{H_0:\tau_j=0, j=1,2,\cdots,k\}$$

若接受零假设 H_0，则对所有水平，平均响应均为 μ，对响应无显著影响。

若拒绝零假设 H_0，则不同水平对响应有显著影响，需要进一步了解哪一个水平对响应有最大的影响，或不同水平对响应的影响的差异。

2. 检验零假设 H_0 的基本方法

将模拟输出响应的变异分为两部分：一部分为每个水平引起的变异；另一部分为被模拟过程内部固有的变异，即抽样随机波动引起的偏差。也就是说，响应变量与样本的总体平均响应之间的差为

$$Y_{ij}-\overline{\overline{Y}}=(\overline{Y_j}-\overline{\overline{Y}})+(Y_{ij}-\overline{Y_j})$$

总方差可以分解为两部分：一部分为由抽样随机波动引起的偏差平方和，又称组内平方和；另一部分为由每个水平引起的偏差平方和，又称组间平方和。

相关内容在概率论与数理统计中的方差分解、假设检验部分也有体现，读者可以参考相关章节。

6.3.3　2m 析因实验设计

当存在多个因子时，每个因子都有水平。如果每个因子取多个水平，存在的处理组合就比较多。为了简化，每个因子取 2 个水平，称为 2*m* 析因实验设计。

对于多数实际问题，影响模拟输出响应的变量（因子）可能不止一个（即 $m\geqslant 2$），如果采用上述完全随机化模拟实验设计方法，则效率很低，耗费巨大，而且不能体现因子之间的相互影响。2*m* 析因实验设计是指在存在 $m\geqslant 2$ 个因子的情况下，每个因子只取 2 个水平，其中一个取高水平（用“+”号表示），另一个取低水平（用“–”号表示）。这样，对于 2*m* 个可能的处理组合，可构成 2*m* 析因实验设计矩阵。

如表 6.2 所示，$m=3$，则共有 8 种处理组合。

表 6.2　$m=3$ 的实验设计处理组合

因子的组合	因子 1	因子 2	因子 3	响应
1	–	–	–	Y_1
2	+	–	–	Y_2
3	–	+	–	Y_3
4	+	+	–	Y_4
5	–	–	+	Y_5
6	+	–	+	Y_6

续表

因子的组合	因子 1	因子 2	因子 3	响应
7	−	+	+	Y_7
8	+	+	+	Y_8

当以上述处理组合完成实验设计时，在仿真结果输出后，分析主要包括两部分：一部分为各因子对响应的影响 e_1、e_2、e_3；另一部分为因子之间的相互影响 e_{12}、e_{21}、e_{13}、e_{31}、e_{23}、e_{32}，具体参见早期教材中的相关内容，此处不再赘述。

6.4　模拟的类别和系统的性能测度方式

6.4.1　终态模拟和稳态模拟

终态模拟是指以某个确定时间或确定事件发生的时间为系统终止条件的模拟方式。例如，模拟银行 1 天之内顾客排队时间、队列长度等，模拟时间是 9：00～17：00。这种系统中，初始状态对最终结果是存在影响的。

稳态模拟是指模拟运行时间趋于无穷时，系统的性能测度达到某一极限值且趋于平稳状态的模拟方式。例如，模拟导弹的飞行轨迹，其第一次测试时落点的方差小于 0.5，反复测试，落点的方差越来越小，最后趋于稳定。稳态模拟的目的在于研究非终态系统在长期运行条件下的稳态性能。稳态模拟中不存在停止模拟运行的事件，运行时间取决于能否得到系统性能测度的优良估计。

在对系统进行模拟研究时，人们往往将主要精力用于建模、编程和程序运行中，只对模型进行单次模拟运行，运行时间带有随意性，并将此次模拟结果看作真实解，很少关注对模拟输出结果的分析，这是对模拟技术的错误应用。那么为什么要对模拟结果进行统计分析呢？

模拟的输出是特征未知的随机变量，每次模拟运行都是它的一次抽样，显然抽样不能代表总体。虽然可以通过多次运行获得多次抽样结果，但是这些运行结果间并非统计学上的相互独立。初始条件对运行结果存在较大的影响，在估计稳态系统特性时，初始条件的偏差将会产生非常大的影响。

设置好模型的初始变量和决策变量，系统存在多种随机因素的处理组合，所以做一次实验相当于对系统的一次观察。概率统计中指出，n 次抽样观察后才能发现正确的规律，因此应多次运行仿真系统。

6.4.2　系统的性能测度方法与实现

以离散的时间点对模拟系统的运行状况进行观测，则观测值可构成时间离散的随机过程。以连续的时间对模拟系统的运行状况进行观测，则可得到连续系统的模拟结果，稳态模拟属于此类型。但实际上，系统观测值总是一系列时间点上的状态值，模拟结果的统计分析就是对上述观测值进行的随机过程分析。根据随机样本，估计系统真实参数的统计计量，主要采用点估计和区间估计实现此过程。

1. 点估计

点估计有两种实现方式：一是利用随机样本的均值估计系统真实参数的数学期望；二是利用随机样本的方差估计系统真实参数的方差。

2. 区间估计

区间估计有以下两种情况。

（1）方差 $V(Y)$已知，对 $E(Y)$进行区间估计。模拟输出结果为$\{Y_1, Y_2,\cdots,Y_n\}$，当$E(Y_1),E(Y_2),\cdots,E(Y_n)$存在，且$V(Y_i)\neq 0$时，各随机变量间相互独立，且服从同一概率分布。

（2）方差 $V(Y)$未知，对 $E(Y)$进行区间估计。要求各随机变量间相互独立，且服从正态分布。

这两种情况下的区间估计公式和方法参见概率论相关内容。

6.5　终态模拟和稳态模拟的置信区间

6.5.1　终态模拟的置信区间

建立置信区间时，常用的方法是对系统进行固定次数的重复运行，称为固定样本量法。设某系统共进行 R 次独立重复运行（$R\geqslant 2$），Y_{ri} 是第 r 次运行中第 i 个观察值，则

$$\bar{Y}_r=\sum_{i=1}^{n}\frac{Y_{ri}}{n}$$

为第 r 次运行的点估计，且构成独立同分布的随机序列。总的点估计为

$$\bar{Y}=\frac{1}{R}\sum_{r=1}^{R}\bar{Y}_r$$

$\bar{Y}$为随机变量，其方差估计为

$$V(\bar{Y})=\frac{S^2}{R}=\frac{1}{R(R-1)}\sum_{r=1}^{R}(\bar{Y}_r-\bar{Y})^2$$

其 $1-a$ 置信区间为

$$\bar{Y}-t_{R-1,1-\alpha/2}\frac{S}{\sqrt{R}}\leqslant E(Y)\leqslant\bar{Y}+t_{R-1,1-\alpha/2}\frac{S}{\sqrt{R}}$$

固定样本量法要求每次独立运行的时间足够长，从而使其接近正态分布。实际模拟运行中往往不能满足这些条件，因此需要研究置信区间的鲁棒性（robust），即外界条件变化（如样本量变大或变小）时置信区间的稳定性。当外界条件变化对系统稳定性影响较小时，可采取固定样本量法。

6.5.2　稳态模拟的置信区间

在稳态模拟中，模拟系统满足某个精度要求后就停止运行。因为部分数据可能处于初始阶段，不能反映一般规律，所以需要筛选数据。筛选数据的方法一般有两种。

1. 重复运行-删除法

将模拟运行分为初始阶段（$0\sim T_0$）和采集数据阶段（$T_0\sim T_0+T_E$），如图 6.3 所示，在时钟停止后终止模拟，并使 T_0+T_E 时的系统状态具有一定的稳态代表性。

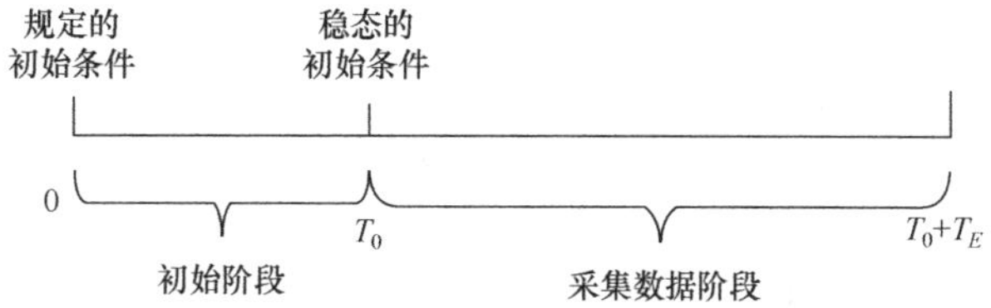

图 6.3　初始阶段和采集数据阶段

2. 分段法

分段法的基本思想是只模拟运行一次（一段很长的或者足够长的时间），删除这段时间收集的输出数据 $Y_1,Y_2,\cdots$ 中初始阶段的数据，把剩余的数据分成若干互不重叠、互不相关的分段，用每个分段区间内数据的均值（简称分段均值）来估计总体均值，并且估算总体均值的置信度。

合理设置分段区间的长度，使数据间相关性达到可忽略程度。将相关系数用图形方式表示，取相关性近似于 0 的分段区间，将其长度作为采样的分段区间长度。进一步借用 MATLAB 或者仿真平台进行数据相关性分析。

6.6　多方案模拟输出的比较分析

每种方案的性能参数的数学期望分别为 $E(Y_1)$和 $E(Y_2)$，并设 $\overline{Y}_1$ 和 $\overline{Y}_2$ 是 $E(Y_1)$和 $E(Y_2)$ 的无偏点估计。模拟的目的是比较两者的差别。如图 6.4 所示，多方案模拟输出有三种情况。

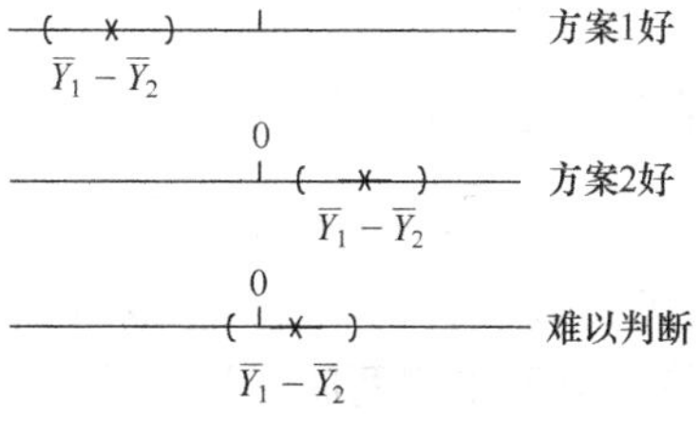

图 6.4　多方案模拟输出的比较

（1）若 $\overline{Y}_1-\overline{Y}_2$ 95%置信区间在 0 的左侧，即有 95%的把握 <0，则方案 1 优于方案 2。

（2）若$\bar{Y}_1-\bar{Y}_2$95%置信区间在 0 的右侧，即有 95%的把握 > 0，则方案 2 优于方案 1。

（3）若$\bar{Y}_1-\bar{Y}_2$95%置信区间内含 0，则两种方案的优劣难以判断。

这三种情况下的数理分析按如下类别分别进行。

（1）两种方案的模拟样本相互独立，且方差相等。

两种方案的样本总体均值分别为$\bar{Y}_1$和$\bar{Y}_2$，两种方案重复运行次数为R_i（$i=1, 2$），$V(\bar{Y}_{r_i})$的无偏估计为$S_{R_i}^2$，两种方案的综合方差点估计为

$$S_P^2=\frac{(R_1-1)S_{R_1}^2+(R_2-1)S_{R_2}^2}{R_1+R_2-2}$$

自由度为$f=R_1+R_2-2$。

因此，两种方案期望性能测度之差的置信区间为

$$(\bar{Y}_1-\bar{Y}_2)\pm t_{f,1-\alpha/2}\cdot S_P\cdot\sqrt{\frac{1}{R_1}+\frac{1}{R_2}}$$

（2）两种方案的模拟样本相互独立，但方差不等。

自由度的估计值为

$$\bar{f}=\frac{\left(\dfrac{S_{R_1}^2}{R_1}+\dfrac{S_{R_2}^2}{R_2}\right)^2}{\left[\left(\dfrac{S_{R_1}^2}{R_1}\right)^2\bigg/(R_1+1)+\left(\dfrac{S_{R_2}^2}{R_2}\right)^2\bigg/(R_2+1)\right]}-2$$

因此，两种方案期望性能测度之差的置信区间为

$$(\bar{Y}_1-\bar{Y}_2)\pm t_{\bar{f},1-\alpha/2}\sqrt{\frac{S_{R_1}^2}{R_1}+\frac{S_{R_2}^2}{R_2}}$$

（3）两种方案的模拟样本相关，且方差不等。

定义$Z_r=\bar{Y}_{r1}-\bar{Y}_{r2}(r=1,2,\cdots,R)$，则

$$\bar{Z}_R=\frac{\sum_{r=1}^{R}Z_r}{R}=\frac{\sum_{r=1}^{R}(\bar{Y}_{r1}-\bar{Y}_{r2})}{R}=\bar{Y}_1-\bar{Y}_2$$

因此，两种方案期望性能测度之差的置信区间为

$$\bar{Z}_R\pm t_{R-1,1-\alpha/2}\sqrt{S_{\bar{Z}_R}^2}$$

现有 m 种方案，用 X_{ij} 来代表第 i 种方案（$i=1,\cdots,m$）的第 j 次重复样本的统计变量，用$\mu=E(X)$代表变量 X 的期望值。以下采用两阶段抽样法。

第一阶段，抽样的均值和方差为

$$\bar{X}_i^1(k)=\sum_{i=1}^{k}\frac{X_{ij}}{k}$$

$$S_i^2(k)=\sum_{i=1}^{k}\frac{\left[X_{ij}-\bar{X}_i^1(k)\right]^2}{k-1}$$

式中，k 为每种方案的运行次数。

方案 i 随机抽样总共所需要的样本容量为

$$K_i=\max\left\{k+1,\left[\left[\frac{h^2S_i^2(k)}{(d^*)^2}\right]\right]\right\},i=1,2,\cdots,m$$

第二阶段，样本均值为

$$\bar{X}_i^2(K_i-k)=\sum_{j=1}^{K_i}\frac{X_{ij}}{K_i-k}$$

加权数为

$$W_{i1}=\frac{k}{K_i}\left\{1+\sqrt{1-\frac{K_i}{k}\left[1-\frac{(K_i-k)(d^*)^2}{h^2S_i^2(k)}\right]}\right\},i=1,2,\cdots,m$$

$$W_{i2}=1-W_{i1}$$

综合两阶段的加权样本均值：

$$\bar{X}_i(K_i)=W_{i1}\bar{X}_i^1(k)+W_{i2}\bar{X}_i^2(K_i-k),i=1,2,\cdots,m$$

那么，加权样本均值最小的方案（如果 X 代表加工周期，则加工周期最短）就是最佳方案。

总体来看，模拟结果的统计分析就是在科学理论指导下合理地选取仿真模拟结果样本，并在数理统计的基础上给出基于统计结果分析的结论。其中涉及参数估计、假设检验、分布拟合、方差分解等内容，请读者参考相关数理统计书籍，并注意这些分布律的使用先决条件（是否独立、是否同分布等）。

第 2 篇　高级进阶与应用

第7章　农户间信任关系的社会网络分析

信任是合作行为产生的基础。通常认为，中国人的信任是建立在差序格局之上以亲缘远近为区分的特殊信任。随着中国农村人口的大规模流动，以及由互联网络普及带来的社会模式变迁，中国农村是否依然是经典的差序格局以及由此而生的特殊信任？研究这一问题对于农户与经销商合作行为的产生至关重要。本章通过对一个高山反季节蔬菜种植基地的社会网调查，运用社会网络分析方法，重新商榷此问题。

7.1　问题背景

生鲜蔬菜产业的出路在合作，农户间的信任至关重要。中国农业（按种养特点、劳动力投入、监督难易、附加值高低）的出路可分为三类：谷物粮食等劳动力投入少的大田作物，宜通过规模化种植获取成本和竞争优势；畜牧/养殖业，劳动力投入多、难以监督且投资高，可发展公司+农户模式；果蔬业，特别是货架期短、附加值低、劳动监督困难的生鲜农产品，只能发展合作社模式。上述每一类出路都有其内在必然性。

研究农户间的个体信任关系有助于判定此群体多大程度上能够或者易于产生合作，有助于丰富合作社形成的理论基础。虽然蔬菜专业合作社以社员对合作社发起人的信任为基础，但如果大多数农户呈彼此猜忌、防范多于合作的低信任状态，则很难想象他们会单独（且持久）相信合作社发起人。反之，农户间的高信任度有助于群体内合作行为生成，且这种高信任度及其外溢一定有利于合作社运营质量提升，乃至促进新合作社的生成。

将合作社发起人视作农户中的一员，从群体角度研究其个体间的信任关系。合作社发起人在经营操作层与农户是不同的，但在信任关系、行为模式上与农户是高度类似的。一方面，合作社发起人通常是本地能人、大户、村干部，他们通常也是（或曾经是）农户中的一员；另一方面，合作社发起人的成长经历、社会环境一般与农户高度类似，其信任关系可能具有一定的相似性。

本章将回答如下关键问题：农户间信任关系是否仍然是差序格局下的特殊信任？如果不是，其主要变化是什么？是否有助于合作行为的生成？首先采用社会网络分析方法，以武陵山区高山反季节蔬菜种植基地为例，分析当前蔬菜种植户的信任关系构成；然后结合中国近代社会历史和已有国内外研究，得出当前蔬菜种植户的信任关系特点及对合作行为产生的启示。

7.2　文献与理论回顾

信任是合作行为产生的基础。信任能够降低交易成本、减少不确定（Miles and Creed，1985）、增加亲密度与合作可能（李树和陈刚，2012）。许多研究已指出，群体成员彼此间的信任程度是决定群体能否产生合作行为的重要因素（Nahapiet and Ghoshal，1998；赵泉民和李怡，2007）。Granovetter（1973，1985）得出了关于个体间联接强弱和关系网络类型对信任产生的影响的重要研究成果。群体内部社会资本的生成本质上是成员间社会网络密度增加和联接度提升，良好的信任机制及文化是其生成的前提条件（Luo，2005）。当前合作（社）行为研究中普遍关注的何种因素和条件促生有效合作问题可转化为何种农户信任关系能够促进合作行为有效生成问题。

通常认为，中国农民群体是差序格局下的特殊信任关系。韦伯（1999）较早观察并提出中国人以圈子距离的远近将彼此信任划分为特殊信任和一般信任。特殊信任是指依赖个体间的私人熟悉了解而产生的信任；一般信任则是指由私人关系之外的制度、法律、道德等保证的信任。对中国封建社会的统治者群体而言，信任是由官僚制决定的权力圈内部信任，属于一般信任中的制度信任；对广大农民群体而言，信任则是以自我为中心、世代耕作地域内、根据亲疏远近向外扩展的不同圈子信任，产生于个体间的了解、熟悉，属于典型的特殊信任（费孝通，2011）。

7.3　社会网络分析方法

已有农业经济研究重视属性数据。属性数据是指年龄、文化水平、种植面积、家庭劳动力数量、种植投入资金等个体所独有的特征。对于符合某些特征的个体，就认为其具有某些特定行为的可能。例如，若具备党员、村民评价高、家庭收入高等特征，则预测其能更有效领导合作社。这种基于属性数据调查，并以经典概率统计方法进行的研究很常见。

但事实上，具有相同特征的个体在不同关系环境中的表现不尽相同。人的行为总是嵌入并呈现在具体社会联系之中的（罗家德，2003）。人际关系会影响行为表现，同一个人处于不同群体、不同关系中，其行为和表现可能完全不同。这表明，除属性特征之外，个体间关系（群体关系特征）对个体行为存在重要影响且不可忽视。农业经济领域学者注意到社会网络分析方法，农业企业与当地社会资本的契合、农民创业与社会资本支持等方面取得一定的研究成果（李婵娟和左停，2013；黄瑞芹，2009；郭斌，2012；蒋剑勇和郭红东，2012；叶敬忠，2004）。促进蔬菜生产合作，社会网络角度的农户间关系分析不可忽视。

社会网络分析强调人际关系、关系的内涵及由关系构成的社会结构，其核心是关系数据，即描述和测量个体间是否存在联系以及联系强弱的数据。关系数据通常表示为两个个体之间“是”或“否”存在直接联系，以及联系的强弱（斯科特，2007）。

社会网络分析法认为，除了个体特征，个体间关系模式的差异也会影响行为表现，关系的亲疏远近对行为人信息传播、信仰和行动存在重要影响（White et al.，1976；Granovetter，1973）。

已有研究表明，中国人之间的信任较多来源于血缘、亲缘等特殊因素。这种信任体现为内外有别并针对特殊对象，是一种特殊信任（费孝通，2011；韦伯，1999；Hwang，1987）。由此可见，特殊信任与一般信任的主要区别在于信任对象间是否存在特殊关系。

因此，命题“蔬菜种植户间是否依然是经典差序格局下的特殊信任关系？”可转化为命题“具备血亲、姻亲、同学/同事/故交（简称故交熟人）关系的蔬菜种植户彼此间是否具有明显密切的信任关系？”。

在社会网络分析中，可将血缘、亲缘、私交分别转化为血亲关系、姻亲关系、故交熟人关系。存在这些关系，即认为其具备特殊关系。整体社会网络调查中，信任关系宜划分成借钱、出借、担保、被担保四种有向关系（后续可用矩阵将其合并成借贷、担保两种无向关系）。这样就分别得到了信任关系网络和特殊关系网络，研究这两个网络之间的相关性即能够对命题进行验证。此外，Barnes（1972）在个体中心网络与整体网络研究中曾指出，具有密切信任关系的个体之间的内涵度（inclusiveness）和个体中心网络密度（egocentric network density）可用于表达信任关系的强弱。这些可作为命题证明过程中的指标，用于辅助判断。

7.4 基于社会网络分析的调查和分析

美国社会综合调查（general social survey，GSS）中，社会关系调查已形成持续化、定期化的调查问卷，其调查内容与方法日趋规范、标准，可供借鉴。Krackhardt 和 Kilduff（1990）认为，个体组织关系可分为情感关系、咨询关系、情报关系、信任关系四种，且信任关系常归属于情感关系。农户间的信任关系可分解为借钱、出借、担保、被担保四种代表性关系；农户间的特殊关系分为血亲、姻亲、故交熟人三种关系，“经常性串门”作为特殊情感辅助引发的关系成为第四种关系。

本章的调查对象选择武陵山区某高山蔬菜种植村（以下称甲村）。甲村是武陵山区种植高山蔬菜——白萝卜的代表村，平均海拔为 1400～1900m，降水充沛，4～9 月日间气温为 20℃左右，夜间气温为 15℃左右，是优良的天然高山反季节蔬菜种植基地，第一季为 4～7 月，第二季为 6～9 月。该村成立了蔬菜合作社，从事蔬菜种植销售活动。合作社拥有冷库、洗萝卜机等专用设备，大部分蔬菜种植户参加此合作社。但由于周边村也成立了类似合作社，并提供清洗、预冷等类似服务，少数蔬菜种植户会有由于对本村合作社不满意而加入其他村合作社的行为发生，故合作社成员中有少数是邻近村蔬菜种植户。

本章的研究对象边界是存在跨村的蔬菜种植户，但在种植销售活动中实质性的合作行为并不多。本章在于验证蔬菜种植户间信任关系，故将研究边界定为存在实际合作行为且在种植销售活动中有共同空间的蔬菜种植户关系。人们对于关系数据抽样一直存在较多争议。刘军（2009）曾指出，抽样所得的社会网络结论往往不具有统计推断意义，仅适用于所研究群体，但这种结论往往具有很高的参考价值。例如，巨型空间抽样不会有很多联接，但限于计算能力又不太可能全部测量，通常样本量为 0 ~ 100。

整体网络通过线人（informants）法确定调查对象，调查组与村支书分析问卷、交换调查建议，共同从 200 余户蔬菜种植户中随机但有代表性地选择 30 户蔬菜种植户，并从与甲村蔬菜合作社有业务往来的经销商中选择 5 人，加上合作社组成共 36 个节点的整体网络。采取上门调查方式，逐一完成 36 份问卷，调查人员面对面提问并录入信息，保证问卷调查质量，36 份问卷全部有效。因为整体网络问卷不能随机抽取调查对象，需要事前确定调查范围和每个调查对象名字后才能填写问卷，所以调查人员必须全程投入，否则无法获得有质量的调查结果。

由于 UCINET6.212 软件的易用性较好，关系数据录入、转换、分析比较方便（Borgatti et al.，2002），将其选作分析软件。问卷所得的上述数据属于 2 模发生阵（incidence matrix），用 Excel 录成 1 模邻接矩阵（adjacency matrix）后，即可转化成网络数据。对各关系进行可视化分析，可得到社群图。

7.4.1　社群图和直观分析

直观意义上，借贷信任体现出差序格局特征。图 7.1 展示蔬菜种植户间的借贷信任，可直观看出蔬菜种植户间存在较大的借贷信任差异，YinZE、MaJB、LeiYZ、LeiCW、ChnMY 等 5 人明显拥有更多的借贷信任。此外，借贷信任社群图由较多信任的核心、部分较少信任的外围参与者构成，看起来很像费孝通所指的差序格局。但一方面，任何关系群体中总存在关系多寡，总有少部分核心成员，即大多数群体呈现这种核心边缘特征；另一方面，这属于直观印象，需要经过科学检验，才能确定是否符合差序格局假定。

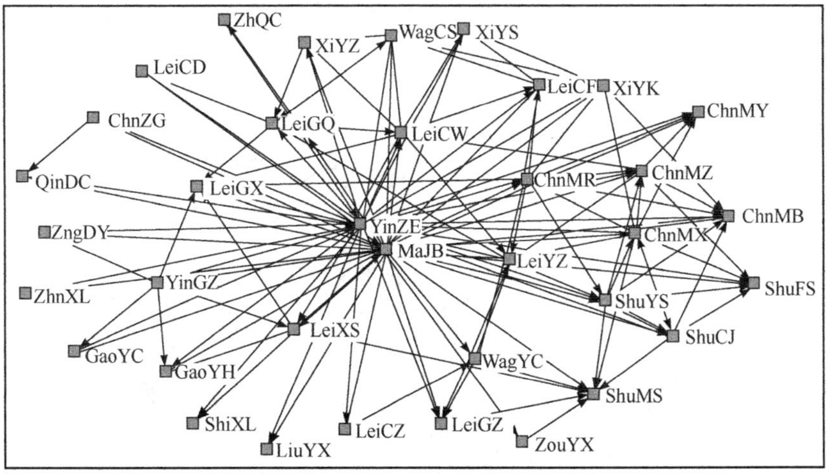

图 7.1　借贷信任

担保信任呈现小团体特征且密度较低。图 7.2 展示蔬菜种植户间的担保信任（由正式机构提供）。显然，当前蔬菜种植户非正式的借钱、出借关系仍然存在，但通过正式金融机构法律意义上的担保、被担保关系不多。图 7.2 中，以 LeiXS、LeiCW 分别为核，蔬菜种植户间存在极少的两个担保信任小团体，小团体中的游离个体显然不能获得同等信任。对比图 7.1 和图 7.2，担保信任密度显然低于借贷信任。中心性和密度分析属于社会网络分析常见方法，UCINET 能非常方便地导出统计数据，具体细节这里不再展示。

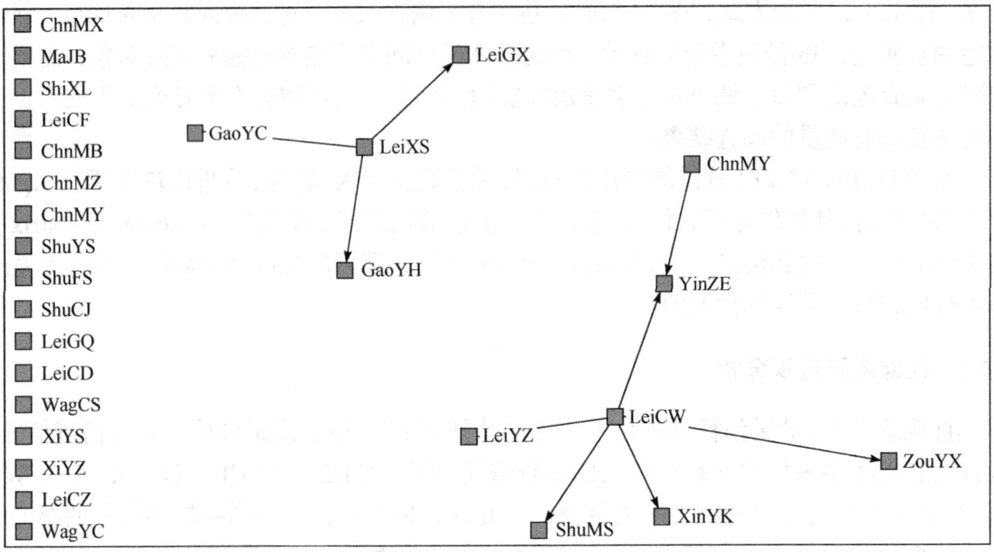

图 7.2　担保信任

由血亲社群图（图 7.3）可见，存在 Lei 家、Chn 家两个大家族，以及 Xi 家、Zhn 家两个小但独立的家族，同时存在 ShiXL、ZouYX 等 7 个无任何血亲关系的游离个体。图 7.4 显示，姻亲关系显然比血亲关系密度更大，但仍然存在 ShiXL 等 5 个游离个体。

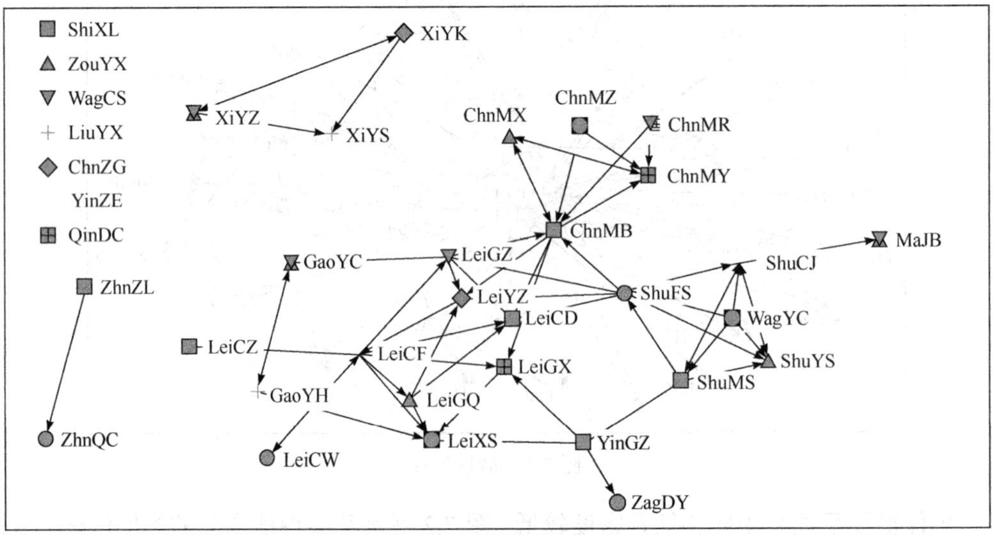

图 7.3　血亲关系

对比图 7.3 和图 7.4 可知，ShiXL、ChnZG 这 2 人在此群体中无任何亲属；ZhnXL、ZhnQC 这 2 人除彼此互为亲戚外亦无其他亲属；ZouYX、WagCS、LiuYX、YinZE 为本人或子女外部嫁入（入赘）此群体。

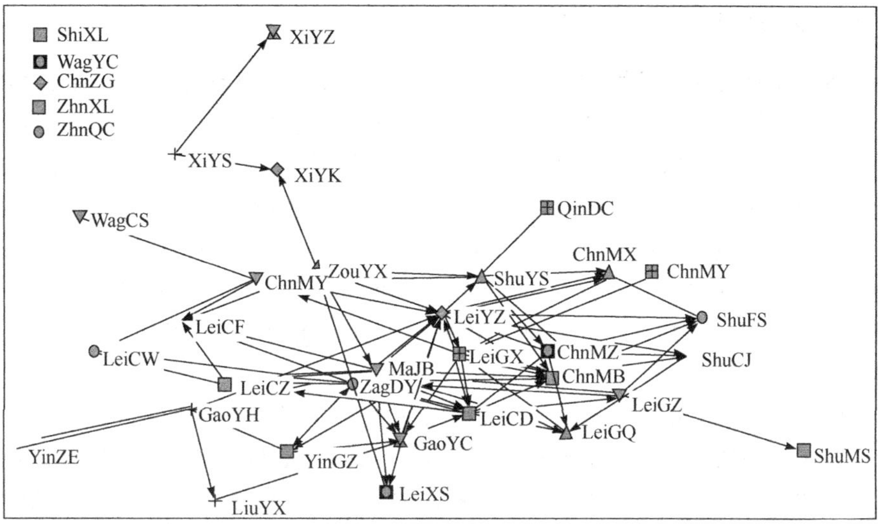

图 7.4　姻亲关系

图 7.5 为故交熟人关系，整体网络密度略高于血亲关系、姻亲关系，但低于借贷信任。图 7.5 中直观可见，存在 LeiCW、ChnMZ、ShiXL 三个高度重叠的局部网络，以及以 ChnMY 为核心的小的局部网络。ChnMY、LeiGQ、LeiYZ 是两个局部网络的桥，具有明显的桥接性；XiYK、WagYC、MaJB 等形成介于核心和外围的中间层次。

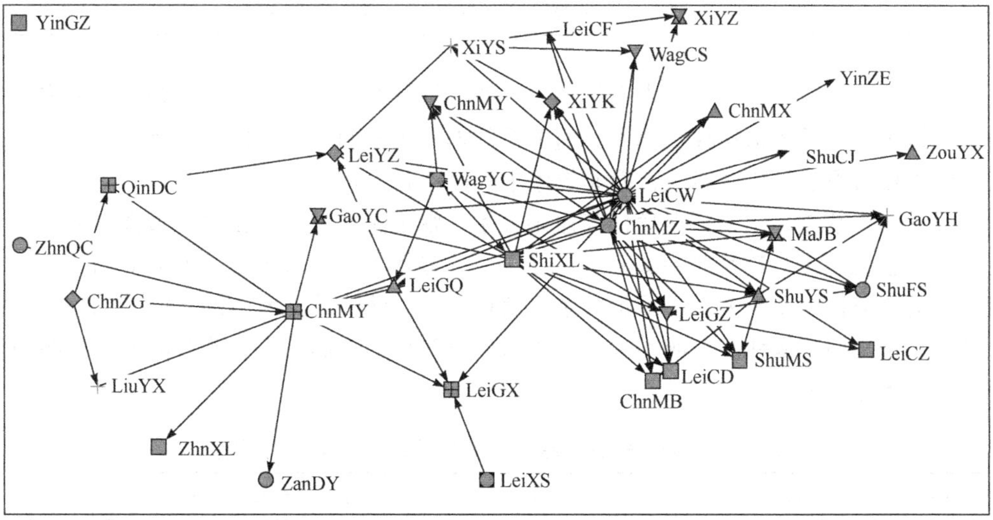

图 7.5　故交熟人

由上述直观分析和常识，一般会认为借贷信任的关联度应当依血亲、姻亲、故交熟人的顺序逐渐递减，例如，LeiCW、ChnMZ 等具有较多信任，同时基本处于血亲、姻亲关系的核心位置；血亲、姻亲关系应当是借贷信任的主导影响因素，这也是访谈过程中调查人员的直观感受。但这种直觉与实际是不相符的，下面进行的关系之间的相关性分析及其结论将推翻这种直觉。

7.4.2 QAP 相关性分析

经典概率统计方法要求样本内部之间（如 t 检验）、对比样本之间（如 F 检验）必须相互独立，使用这些检验方法之前必须先进行独立性检验。但关系数据往往具有相关性，例如，血亲与借贷这两种关系之间存在一定的因果联系，无法满足独立性要求。

对关系数据进行经典概率统计检验存在重大缺陷，因此，基于多重置换的二次指派过程（quadratic assignment procedure，QAP）就被社会网络分析研究选为关系间的相关性检验（Everett，2002）。QAP 以矩阵数据置换为基础，对两个矩阵（关系）中的各值相似性进行比较，给出两个矩阵间的相关性分析，QAP 同时能进行某些假设的非参数检验。

借贷信任和血亲关系、姻亲关系、故交熟人关系的相关性分析结果如表 7.1 所示。借贷信任与三者间的矩阵相关系数观察值分别为 0.169、0.147、0.343，表明借贷信任与血亲关系、姻亲关系低度正相关，与故交熟人关系明显正相关，显著性水平都在 0.05 之下，非常显著。

表 7.1　借贷信任和血亲关系、姻亲关系、故交熟人关系的相关性分析

关系	观察值	显著性水平	均值	标准差	最小值	最大值	Prop ≥ 0	Prop < 0
血亲	0.169	0.000	0.000	0.037	−0.092	0.150	0.000	1.000
姻亲	0.147	0.001	−0.001	0.045	−0.107	0.170	0.001	1.000
故交熟人	0.343	0.000	0.001	0.069	−0.153	0.306	0.001	1.000

这一结论有悖于通识。通常人们在公开谈论借贷对象的选择时，都倾向于首先选择血亲、姻亲，然后才选择故交熟人。但关系数据分析表明，借贷信任付诸行动时，实际发生的借贷对象多是故交熟人，而非想象中的血亲和姻亲。

表 7.2 中数据显示，担保信任与血亲关系、姻亲关系可能（相关显著性水平不够）负相关。也就是说，越是血亲关系、姻亲关系，越不愿意、没有提供担保信任。表 7.1 表明，借贷信任与血亲关系、姻亲关系低度正相关。两个结论矛盾的来源可能与钱的数额有关。日常用度借钱的数额不多，而担保信任时钱的数额更大，原有的低度意愿消失并转换为部分负意愿。

表 7.2　担保信任与血亲关系、姻亲关系的皮尔逊相关检验

关系	观察值	显著性水平	均值	标准差	最小值	最大值	Prop ≥ 0	Prop < 0
血亲	−0.021	0.616	0.000	0.030	−0.021	0.143	1.000	0.616
姻亲	−0.026	0.503	−0.000	0.031	−0.026	0.143	1.000	0.503
故交熟人	0.176	0.001	0.001	0.040	−0.050	0.176	0.001	1.000

表 7.2 与表 7.1 的共同之处是：借贷信任、担保信任都与故交熟人关系显著正相关。其显著性水平分别为 0.000 和 0.001，高度显著。在用借贷和担保作为衡量信任强弱的前提下，可认为故交熟人之间的信任强于血亲、姻亲。

7.4.3 借贷信任与故交熟人的关系列联表分析

关系列联表分析能将两个矩阵中对应行动者的关系进行归类统计，且能基于矩阵置换，给出列关联的卡方检验和相关系数。

图 7.6 是采用 UCINET 进行借贷信任与故交熟人关系列联表分析的输出。由图 7.6 可见，既无借贷信任也无故交熟人关系的情况有 855 个；有借贷信任无故交熟人关系的情况有 48 个；有借贷信任又有故交熟人关系的情况有 108 个，其中，互为故交熟人且相互借贷的情况有 3 个，单方借贷双方承认关系的情况有 20 个，双方借贷单方承认关系的情况有 8 个，单方承认单方借贷的情况有 85 个。这表明借贷信任绝大多数发生在故交熟人之间，但借贷往往不是双向的，贷方并不期待从借方获得远期借贷回报。同时，无论卡方检验还是相关系数检验都高度显著(分别为 0.001 和 0.000)，较大的卡方值(173.315)表明多重置换后数据虽有较大差异但显著相关，这再次证明了故交熟人关系对借贷信任的相关性。标准差、最大值、最小值等其他数据与表 7.1 虽有少许差异，但总体特征与表 7.1 是相符的，这种差异源于初始种子与矩阵迭代的随机性。

```
RELATIONAL CROSSTABS
--------------------------------------------------------------------------------
Data Matrices:                  D:\分析1115\数据合并\4LOAN
                                D:\分析1115\数据合并\3FMLOLDFRD
# of Permutations:              2000
Random seed:                    21641
--------------------------------------------------------------------------------
Cross-Tab of 3FMLOLDFRD * 4LOAN

               0.000     1.000     2.000
             --------- --------- ---------
    0.000        855        48         0
    1.000        191        85         8
    2.000         50        20         3

Statistics for 3FMLOLDFRD * 4LOAN (2000 permutations)

              Obs Value Significa   Average   Std Dev   Minimum   Maximum Prop >= 0 Prop <= 0
              --------- --------- --------- --------- --------- --------- --------- ---------
Chi-Square      173.315     0.001    16.548    19.313     0.405   200.344     0.001     0.999
Correlation       0.343     0.000     0.000     0.066    -0.139     0.265     0.000     1.000
-----------------------------------------------------------------------------------------------
```

图 7.6 借贷信任与故交熟人的关系列联表分析

7.5 研究启示

由上述社群图分析、关系的 QAP 相关性分析、QAP 关系列联表分析可得如下理论启示。

（1）严格意义上，蔬菜种植户之间的信任已非经典的特殊信任关系。经典差序格局中，血缘、联姻是巩固和拓展群体关系的最重要因素。然而研究结果表明，此二者并非最重要因素：一是相关性分析显示，与信任相关性最强的是故交熟人关系，而非血亲关系、姻亲关系；二是在正式的较为重要的担保信任中，血亲关系、姻亲关系反而在一定程度上呈现信任负相关。这与差序格局下血缘和联姻决定个体在群体中权力、等级、地位的特点存在重要区别。

中华人民共和国成立之后，形式上共同占有土地、承担抚育教化责任、行使社会管理权限的宗族制已消失，但惯性仍使其部分存活于社会中。随着人口大规模地向城镇转移，以及信息技术广泛普及带来的个体话语权、参与度提高，剩余的差序格局下的特殊信任也已逐步让位于故交熟人关系。蔬菜种植户间的信任更多地经由沟通交流而来，而非血亲与姻亲。

（2）与经典差序格局截然相反，信任关系（担保信任）与亲属关系（血亲关系、姻亲关系）越发不相关，甚至负相关。行动者与亲属原有的共同占有转为交易，亲属间的不道德增加交易成本，甚至在某些情况下亲属间利用家事不愿外传的心理，做出恶意违背担保人信任的行为。这表明虽然中国传统大家庭的信念和愿望得以保存，但原差序格局下的生产、占有、分配制度基础已失去。原本属于利益体内部的交易行为变成名义亲属下的小家间交易，交易成本和风险因而产生。故交熟人关系不存在借亲戚之名行非亲之举的风险。因此，当前社会背景下，少数高风险和高度信任需求情况的亲属关系反而与信任关系负相关。

一般信任的三大来源为制度信任、计算信任、个人信任。蔬菜种植户（实际但不是口头上）弃血亲、姻亲，转向故交熟人寻求信任，这种信任本质上属于计算信任。计算信任通过理性计算产生相信对方会自我控制的信任，计算的基础是对亲近和行为的可预测性。虽然计算信任的对象仍然属于特殊个体，但属于非特定个体认识认同基础上的计算。上述转向故交熟人的计算信任事实表明，以血亲和姻亲为最重要特征和基础的差序格局日渐衰败，而以故交熟人寻求计算信任为肇始，蔬菜种植户间的信任关系必将走向一般信任。

（3）本章以生鲜蔬菜产业为背景，不适用于大田作物与畜养业的信任关系研究，其结论可能仅限于生鲜农产品（如水果、水产）农户间的信任。此外，本章并没有将借贷规模、农户规模作为控制变量进行信任与关系研究，这有待未来探索。

第 8 章 DEA 在农户生产效率研究中的应用

本章采用全国蔬菜主产区 2009～2016 年调查数据，测算主产区农户的蔬菜种植规模和农户生产效率，研究二者的相互作用。首先以曼奎斯特指数-数据包络分析（Malmquist index-data envelopment analysis，MI-DEA）为工具，计算全国五个露地蔬菜主产区 2009～2016 年的农户生产效率，将全要素生产率分解为规模效率、技术进步率和纯技术效率。然后，计算不同蔬菜种植规模农户的生产效率，结合不同主产区的自然地理条件、区域品种特点和在全国蔬菜主产区中的地位，分析大/中/小规模农户（分别简称大户、中户、小户）种植规模与生产效率之间的联系。本章结论如下：露地蔬菜种植户中，大户比小户更有效率，大户效率高的原因主要是技术进步率和整体效率高，且整体效率高由大户规模效率较高引发。应当结合不同地域及当地的主要产出品种进行政策引导，以扶持增大农户种植规模、逐步自然减少小户策略为主；对大户，应当从提高纯技术效率角度推动产业提升，对小户，则要着重提高技术进步率。

8.1 问题背景

适度规模经营在中国已经从理论研究演变为现实问题。从产业发展看，当前农户的非农收入占比越来越大，许多农民不再以农为生、不再以农为业，某些地区农业不再是收入主渠道。从生产端看，随着农资价格的不断攀升和国际主要竞争产品价格的持续走低，我国农业生产出现了抛荒弃耕现象，农业生产和保障能力受损。从消费层面看，随着城镇化不断推进，农户自种自足变为市民蔬菜消费，城市蔬菜需求日渐旺盛；原有的小散户经营与大市场矛盾更加突出。近年来政府逐渐增加对适度规模经营的重视和鼓励，中央一号文件连续多年设计、提出和具体化土地流转、土地托管、家庭农场、合作社、龙头企业等众多措施，期望能适应上述形势变化，保持农业供给和农村稳定。

但蔬菜与大田作物存在众多不同之处，粮食产业的规模化种植规律可能不一定适合蔬菜产业。首先，蔬菜种植周期短，一般为 30～90 天，品种茬口转换较容易，相对一年 2～3 作的粮食产业，蔬菜产业的宏观测量和预测都比较困难。其次，蔬菜种植一般劳动量大、时间长、监督不易；蔬菜种植劳动投入多，有些大棚需要每天劳动作业，难以机械化，粮食作物则完全不是这样。最后，蔬菜属于生鲜农产品，其货架期短、难存贮，当前蔬菜从田间收获到销地市场一般在 48 小时内，而粮食及其制成品则比较耐贮，起缓冲池作用的收贮政策在蔬菜产业中根本无法采用。

本章将回答如下关键问题：在中国农业人口下降和土地适度规模经营的大背景下，蔬菜作为一种在种植、存贮、运输、销售、消费等环节与粮食具有显著不同的农产品，其适度规模究竟为何？较大规模的蔬菜种植户是否更有效率？本章将在梳理国内外有关经营规模、种植决策和效率测算方法的基础上，以国家大宗蔬菜产业技术体系 2009～2016 年数据为基础，采用曼奎斯特指数（Malmquist index，MI）公式计算全国五个露地蔬菜主产区农户生产效率，计算和对比蔬菜的种植规模与农户生产效率的关系。

8.2 文献与理论回顾

近代以前，在封建土地所有制统治下，国家土地通过世袭方式归大地主和贵族所有，而且随着王朝的逐渐衰败，土地兼并愈加严重；在半殖民地半封建的民国时期，占全国人口总数约 10%的地主拥有占全国 60%以上的肥沃土地，土地兼并严重，并日益集中在少数人手里（韩鹏和许惠渊，2002）。中华人民共和国成立后，通过土地改革、合作社运动、大集体时期，土地以生产队为单位进行统一经营，出现了拥有几十亩、几百亩大规模的生产队（董涵英，1986）。但这种集体生产模式到后期暴露出生产经营效率低下的问题，导致 1978 年家庭联产承包责任制的实施，进一步形成延续至今的土地集体所有、多种经营方式并存的格局。集体拥有土地所有权而农户拥有土地使用权的模式形成了大量平均规模约 $0.6hm^2$ 的小型家庭农场，这虽然缩小了土地经营规模，但土地的经营效率得到了大大提高（罗伊·普罗斯特曼等，1996）。进入 21 世纪，特别是随着国内农民兼业化程度提高，不以农为生、不以农为业、抛荒弃耕等现象逐步出现（程国强等，2014）。近年来，中央政府一直鼓励和倡导培育新型经营主体、适度规模经营，这也是中国农户土地经营方式外部客观条件引发的新变化、新事物，必将推动中国农户土地经营模式发生历史性重大转折。

国外农户土地经营规模通常是一种在产权制度安排下的自由生成过程。新大陆国家美国和巴西就经历了这样的演进。美国农场平均规模在 20 世纪 40 年代约 $60hm^2$，并逐年扩大（张士云等，2014）；近年来维持在 170～$185hm^2$，其中 2016 年农场平均规模约 $180hm^2$（USDA，2017）。美国农场呈规模小幅扩大、数量小幅减少的趋势。巴西农场平均规模为 200～$1000hm^2$（龙吉泽，2014），比美国农场平均规模大得多。新大陆国家的这种局面是土地自由流动前提下人均农业生产效率提高和大规模社会化服务发展的必然结果。欧洲在工业革命过程中通过圈地运动，基本消灭了小农生产，工业革命之后所有者用于出租的庄园一般为 20～$40hm^2$，欧洲大陆基本类似，只是庄园规模与新大陆国家相比稍小（刘运梓，2006）；第二次世界大战以后，由于大农场的租金成本上升，农场规模又呈现逐渐缩小的特点，1980 年，法国农场平均规模为 $25hm^2$ 左右（张光辉，1996），2010 年，德国农场平均规模为 $22hm^2$（周应恒等，2016）。第二次世界大战以后，日本在美国的帮助下通过立法推翻了原有的地主佃农制，实现自耕农所有（章德宾和何增华，2015）；20 世纪 60 年代末，为实现土地的集约化利用，对土地法进行了修改，出台了许多保障和便于土地流转的措施，但成效并不明显（陈英，2004），1960 年，农户平均规模为 $0.8hm^2$，目前，农户平均规模为 1～$2hm^2$，并未达到当初修改土地法的目的（韩鹏和许惠渊，2002）。

对于面临相同外部环境的不同农户个体，在从事农业生产经营决策活动时，存在自身资源条件差异（如资产是否专有、管理成本差异、市场地位不同）。这导致了相同外部环境下投入产出比仍存在差异，即农户生产效率不同。农业规模与效率问题一直以来都是研究的热点，且主流观点认为农业本身并不是一个具有显著规模效率的行业（罗必良，2000）。罗伊·普罗斯特曼等（1996）也指出，中国农业规模效应即使有也很微弱，小农场效率一般高于大农场。尽管经典研究并不支持农业规模效率及由此衍生的扩大经营规模，但随着中国人口转移和劳动力成本、机会成本变化，中国农业正在出现罗伊·普罗斯特曼等所描述的虽效率低但规模化的必要条件（李崇光和包玉泽，2010）。蔬菜产业作为少数竞争产业更是如此。

生产效率测度主要有两类方法。一类是参数法，首先采用柯布-道格拉斯生产函数等，基于已有数据拟合出生产函数的具体参数，然后用实际样本值与此生产函数的偏离表达生产效率。另一类是非参数法，不必构造具体的生产函数，用样本中的代表点构造前沿面，如数据包络分析（data envelopment analysis，DEA）方法和前沿效率法。这类方法因为意义直观、操作简洁易行而在农业生产经营效率测算领域被广泛应用。DEA 方法是一种基于已有数据的非参数相对效率比较方法，其输入指标与输出指标间不要求明确的数理关系，避免了先建立数理模型再统计分析的烦琐（马占新，2002；杨国梁等，2013）。此外，DEA 方法可将效率前沿面看作决策（生产函数）最优值，其他决策单元（decision making unit，DMU）通过与前沿面的投影及松弛变量分析就达到了类似最优拟合之后的方差分析效果，相关研究已比较成熟。有关 DEA 理论和应用研究已较多，故这里不再对整体效率、技术效率、规模效率的定义和不同种类 DEA 模型展开论述，具体可参考 Cooper 等（2007）的研究。通常应用 DEA 方法进行效率测度的步骤如下：首先，联合使用相关模型，得到整体效率；然后，将其进一步分解为技术效率和规模效率（Banker，1984），考察不同 DMU 的相对有效性、是否处于效率前沿面，以及是否规模有效（魏权龄，2012）。DEA 中面板数据分析主要采用 MI-DEA 方法，MI 由 Malmquist（1953）研究不同收入价格下的消费者无差异曲线问题时提出，并被 Fare 等（1994）用于生产分析，其正是决策者的全要素生产率分析，MI-DEA 兼具非参数、能分解、面板数据分析优势，既能进行效率测度和分解，也能计算效率前沿面变动，被广泛应用于各种具有时序特征的效率测度中（章祥荪和贵斌威，2008；卢曦和许长新，2017）。

8.3　数据选择过程

8.3.1　调查数据的地区选择

本章选择华南和西南热区冬春蔬菜主产区、长江流域冬春蔬菜主产区、黄土高原夏秋蔬菜主产区、云贵高原夏秋蔬菜主产区、北部高纬度夏秋蔬菜主产区、黄淮海与渤海设施蔬菜主产区进行问卷调查。问卷数据通过设在当地的国家大宗蔬菜产业技术体系年度固定观测点获得。全国六大蔬菜主产区产销概况如表 8.1 所示，其中，华南和西南热区冬春蔬菜主产区、长江流域冬春蔬菜主产区和黄土高原夏秋蔬菜主产区属于除设施蔬菜之外的最有代表性区域。

表 8.1 全国六大蔬菜主产区产销概况

主产区名称	2015年产量/万t	2015年销量/万t	销产比/%	2020年产量/万t	重点县数量/个
华南和西南热区冬春蔬菜主产区	2 500	1 500	60	2 600	94
长江流域冬春蔬菜主产区	5 400	2 700	50	5 600	149
黄土高原夏秋蔬菜主产区	2 000	1 200	60	2 100	54
云贵高原夏秋蔬菜主产区	1 000	600	60	1 100	38
北部高纬度夏秋蔬菜主产区	1 800	1 000	55.6	1 900	41
黄淮海与渤海设施蔬菜主产区	15 300	10 700	69.9	16 300	204

注：2020 年产量数据是基于当前年份以往数据得出的预计值

资料来源：《全国蔬菜产业发展规划 2011—2020 年》

从地域方面看，这些主产区分别位于我国南部、中部和北部，涵盖我国主要蔬菜的生产区域；各主产区的重点县数量和蔬菜销产比适中，目标市场覆盖全国大部分区域；从降水分布方面看，这些主产区具有较好的代表性；从温度分布方面看，华南和西南热区冬春蔬菜主产区冬季低温普遍高于 4℃，适宜喜温蔬菜秋冬种植，黄土高原夏秋蔬菜主产区夏季温度低，无需遮阳即可生产喜凉作物，长江流域冬春蔬菜主产区冬季低温时仍可生产耐凉蔬菜。上述主产区的蔬菜生产流通能够反映全国蔬菜生产流通主要状况，这些区域内农户种植规模和决策行为同样能够代表和反映全国主要蔬菜种植户决策行为规律。

8.3.2 被调查农户的基本特征

本章主要依托国家大宗蔬菜产业技术体系固定观测点 2016 年度对黄淮海与渤海设施蔬菜主产区进行的问卷调查，由分布于全国各地的 55 个实验站，根据当地蔬菜产业分布选择有代表性的农户，采用国家大宗蔬菜产业技术体系的 CARS-25-13-17 问卷进行调查。2009～2016 年共收集到约 1.7 万条记录，除黄淮海与渤海设施蔬菜主产区数据外，运用全国其他五大露地蔬菜主产区约 7000 条数据展开研究。农户的基本特征如表 8.2 所示。

表 8.2 农户的基本特征

参数	性别		年龄			家庭人数			教育程度		
	男	女	18～40	40～60	＞60	＜5	5～6	＞6	初中以下	高中	大学以上
样本量	6238	544	1033	5027	722	3861	2396	525	4792	1874	116
占比%	91.98	8.02	15.23	74.12	10.65	56.93	35.33	7.74	70.66	27.63	1.71

由表 8.2 可知：①男性是种植蔬菜的主要劳动力，占被调查农户的近 92%；②40 岁以上中老年占比近 85%，为种植蔬菜的主要劳动力；③在家庭人数中，5 人以上占比超过 40%，对比绝大多数家庭人数少于 4 人的现实，说明家庭中有老年父母的人更倾向于务农工作；④初中以下教育程度的农户占样本总量的近 71%，说明目前蔬菜种植户的教

育程度仍较低，大多数蔬菜种植户仅识字而并没有掌握近代科技知识。

8.3.3　农户蔬菜种植面积的基本特征

为进一步展示和分析各蔬菜主产区的抽样分布状况以及这些地区农户规模的历年变化，2009～2016 年中国蔬菜主产区农户规模对比如图 8.1 所示。其中，农户规模的标准如下：种植规模≤3 亩的定义为小户，种植规模为 3～10 亩的定义为中户，种植规模>10 亩的定义为大户（1 亩≈0.067hm^2），这与众多涉及种植规模研究的分类标准或者调查结论是一致的（吕美晔和王凯，2008；李岳云等，1999）。当前中国蔬菜除马铃薯、洋葱等极个别品种外基本是这样的种植规模特点。

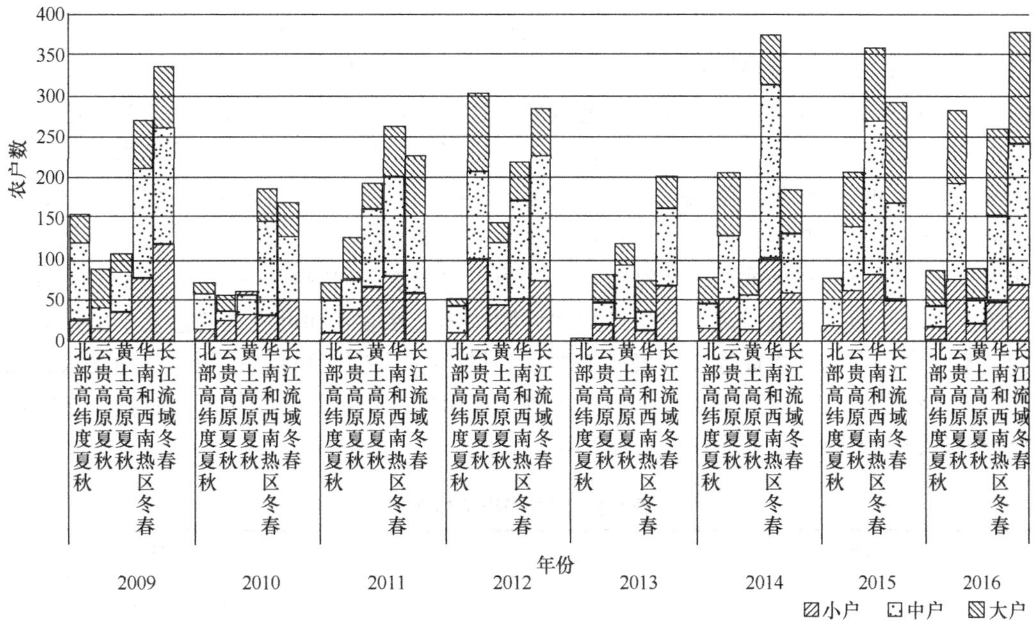

图 8.1　2009～2016 年中国蔬菜主产区农户规模对比

由图 8.1 可见，尽管在 2010 年、2013 年出现一定程度调整，我国蔬菜种植规模呈现出逐年扩大趋势，2015 年、2016 年相比 2009 年显著扩大。2009 年，华南和西南热区冬春蔬菜主产区大户有 57 户，占农户总数的 21%，到 2016 年，大户增至 102 户，占农户总数的 40%；同样，长江流域冬春蔬菜主产区的大户占比从 2009 年的 21%增长至 2016 年的 36%，中等规模种植发展平稳，2009～2016 年中户占比为 40%～50%。北部高纬度夏秋蔬菜主产区和黄土高原夏秋蔬菜主产区的蔬菜种植规模较小，但是大户占比在扩大。2009～2016 年，这两个主产区小户占比为 10%～16%，但北部高纬度夏秋蔬菜主产区的大户占比从 2009 年的 22%增至 2016 年的 50%，黄土高原夏秋蔬菜主产区的大户占比则从 2009 年的 20%增至 2016 年的 40%，显示出这些主产区种植规模在快速扩大，小户数量快速减少。云贵高原夏秋蔬菜主产区主要由武陵山和云贵高原东北部组成，受限于高山地理和成本因素，大户占比从 2009 年的 52%逐渐降至 2016 年的 30%，而中、小户占比则从 2009 年的 48%增至 2016 年的 70%。这一主产区的蔬菜总产量在全国六大主产区中最少，蔬菜作为我国仅有的两个具有竞争优势的农产品对农户增收作用显著，特殊的经济发展水平和地理特征可能是中/小户增加、大户减少的原因。

8.4 生产效率评测

8.4.1 指标选择

已有的农业生产效率评测大多是从宏观层次展开的。例如，不同省区市生产效率评测的指标有劳动力投入、土地投入、农业机械投入、化肥投入、灌溉投入，产出为人均纯收入、农业生产总值等（郭军华等，2010；李谷成，2009）。这些研究虽以生产效率为主题，但其指标中包括价格收益，并不是排除价格后的纯产量，也就是说，生产效率研究产出指标中包括价格因素。有观点认为，生产效率评测（特别是在 DEA）中不能包括价格，即产出只能是产量，而不能是收益。这种观点面临三个挑战：一是当前已有研究中产出指标已经涉及价格并采用收益作为产出指标；二是国外（特别是美国）农业经济领域自 20 世纪 70 年代后仅仅追求高产出（不考虑价格因素）的研究已近绝迹（Chavas et al.，2010）；三是中国农业当前已进入相对过剩的均衡状态，是市场需求而不是生产能力决定了最终的种植面积，忽略市场这个最主要因素去研究投入产出关系是不符合实际的。本章从微观层次研究农户生产效率评测，其主要输入和可决策变量及产出是类似的，基于这些考虑的指标选择如表 8.3 所示。投入指标主要有种植面积、劳动投入、化肥投入、种子投入、农药投入、灌溉投入等，产出指标为蔬菜种植年度总收益，指标选择与前述已有宏微观农业生产效率研究基本一致。

表 8.3　输入输出指标选择

指标类型	指标代码	指标名称
投入指标	X_1	种植面积/亩
	X_2	劳动投入/工
	X_3	化肥投入/元
	X_4	种子投入/元
	X_5	农药投入/元
	X_6	灌溉投入/元
产出指标	Y_1	蔬菜种植年度总收益/元

8.4.2 生产效率计算方法

MI 在评价不同时间段时，将差异区分和定义成两类效应：catch-up 效应和 front-shift 效应。前者是指被评测值在各自前沿面下的效率变化，后者是指因前沿面移动导致的前沿面上被评测值的相对效率变化（Cooper et al.，2007）。一般 DEA 中，前沿面上点的效率值为 1，所有 DEA 效率值都是相对某具体参考集而言的，当作为一个整体时，某前沿面移动后，与总体相比，其效率值显然会发生变化。

如图 8.2 所示，DMU_0 在 t_1、t_2 两个时期分别存在位于点 P 和点 Q 的表现 (x_0^1, y_0^1) 和 (x_0^2, y_0^2)，结合表 8.3 可知其是列向量组合，可用表 8.3 中的具体指标表示，即 $x_0^1=(X_{10}^1, X_{20}^1, X_{30}^1, X_{40}^1, X_{50}^1, X_{60}^1)$，$y_0^1=(Y_{10}^1)^{\mathrm{T}}$。某点的效率就可以用当前产出与前沿面上的最大产出相除表示。例如，对于点 Q，其前沿面为 Frontier t_2，它的以产出为导向的效率可表示为 QA/EA，点 N 位于前沿线 EF 线外，是不能达到的，投入为 A 时最大产出前沿面是 Frontier t_1。记 $\delta^i(x^j, y^j)$ 为 j 时期的 DMU 相对于 i 时期前沿面的效率，则当前沿面由 Frontier t_1 移至 Frontier t_2 时，组合 (x_0, y_0) 的效率由 PB/DB 变为 QA/EA。catch-up 效应可表示为

$$\text{catch-up}=\frac{QA}{EA}\bigg/\frac{PB}{DB}=\frac{\delta^2(x_0^2, y_0^2)}{\delta^1(x_0^1, y_0^1)} \tag{8.1}$$

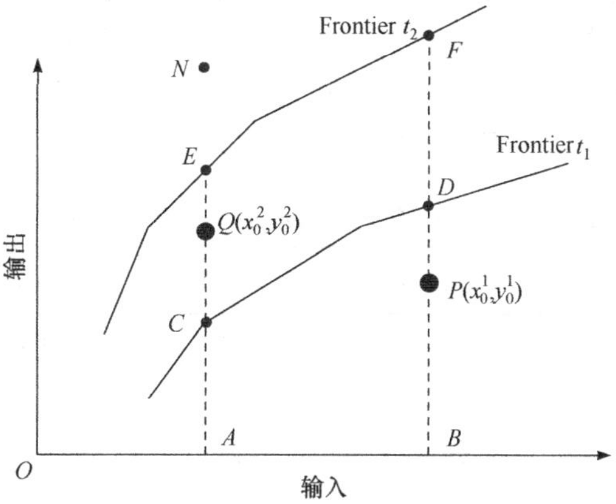

图 8.2　MI 分解原理

前沿面移动除了导致不在前沿面上的 DMU 与本期内部点之间的相对值发生变化，还将导致在前沿面上点的效率值发生变化。例如，点 C 和 E 在 t_1、t_2 时期各自都位于本期的前沿面上，在各自本期内测算，其相对效率都应当是 1，没有差别；但是从时序角度来看，这些表现最好的 DMU 的产出由 CA 变为 EA，同理，DB 变为 FB，显然一般情况下，有 $EA/CA \neq FB/DB$。这种差异即因前沿面移动带来的前沿面上效率最优点之间的变异，即 front-shift 效应，用与式（8.1）相同的符号可表示为

$$\text{front-shift}=\sqrt{\frac{EA}{CA}\times\frac{FB}{DB}}=\sqrt{\frac{EA/QA}{CA/QA}\times\frac{FB/PB}{DB/PB}}=\sqrt{\frac{\delta^1(x_0^1, y_0^1)}{\delta^2(x_0^1, y_0^1)}\times\frac{\delta^1(x_0^2, y_0^2)}{\delta^2(x_0^2, y_0^2)}} \tag{8.2}$$

将这两类效应相乘，可得

$$\mathrm{MI}=(\text{catch-up})\times(\text{front-shift})=\sqrt{\frac{\delta^1(x_0^2, y_0^2)}{\delta^1(x_0^1, y_0^1)}}\times\sqrt{\frac{\delta^2(x_0^2, y_0^2)}{\delta^2(x_0^1, y_0^1)}} \tag{8.3}$$

式（8.3）即 MI-DEA 的具体计算公式，由式（8.3）、式（8.2）、式（8.1）逆序推导就得到全要素生产率分解的公式：

全要素生产率=技术效率×技术进步率

=纯技术效率×规模效率×技术进步率

8.4.3 效率值的特征分析与解释

DEAP 2.1 软件是澳大利亚新英格兰大学经济系教授科埃利（Coelli）在 1996 年研发的用于 DEA 的专业软件，其可以在多种假定下进行投入产出方向最优解计算，也可以进行面板数据处理且输入输出简易可靠，还易于进行 MI 计算，这些优势是其他 DEA 求解软件暂时所不能具备的。因此，本章采用 DEAP 2.1 软件分析 2009～2016 年国家大宗蔬菜产业技术体系数据。

由表 8.4 可见，2009～2016 年，全国露地蔬菜主产区全要素生产率均值为 1.01，技术进步率均值为 1.15，处于整体较好状态；整体效率均值为 0.88，表明主产区农户在年度内资源配置和管理上存在 0.12 的效率损失，分解成纯技术效率和规模效率后，可见其主要损失在于纯技术效率低（均值为 0.89）。技术进步率在 2009～2016 年存在先降后升趋势，对全要素生产率提升作用明显。其间全要素生产率大部分维持在 1～1.3，总体看多数年份蔬菜生产的全要素生产率较好。

表 8.4　2009～2016 年全国露地蔬菜主产区的 MI 及分解

效率移动年份	整体效率	技术进步率	纯技术效率	规模效率	全要素生产率
2009～2010	1.10	0.67	1.05	1.05	0.75
2010～2011	0.74	1.85	0.93	0.80	1.38
2011～2012	0.96	0.94	0.84	1.15	0.91
2012～2013	1.51	0.69	1.40	1.08	1.04
2013～2014	0.51	1.47	0.77	0.66	0.75
2014～2015	1.07	1.07	0.81	1.33	1.15
2015～2016	0.58	2.12	0.60	0.97	1.23
均值	0.88	1.15	0.89	0.99	1.01

注：表中各效率值是由 DEAP 软件生成后经四舍五入得出的。多值化简后再相乘后，可能存在不能严格符合式（8.1）～式（8.3）的现象（微量差异）

技术进步率于 2009～2016 年大幅度波动，表明蔬菜产业中纯技术作用在 2011～2013 年存在低谷，2013 年后上升明显，至 2016 年达到 2.12。径向测度理论表明，因新技术采纳和应用，2016 年的技术进步率比 2015 年提高近 1 倍，可见技术进步作用愈加明显。纯技术效率大部分维持在 0.8～1，2013 年达到最大值 1.4，2016 年达到最小值 0.6。纯技术效率是指因资源配置和经营管理水平不同导致的相对效率变化。径向测度理论表明，在此期间，蔬菜种植户的资源配置和经营管理水平基本维持在较高水平。个别年份（如 2013 年）存在较大差异，这可能是因为蔬菜的生产、销售和运输与天气联系密切，蔬菜种植决策如果无法较准确地预测异常天气状况，则会面临较高的决策风险，这正是前述资源配置和经营管理水平存在差异的地方。总体上蔬菜产业的全要素生产率比较有效，但整体效率低，而且主要由纯技术效率低导致。

为进一步直观地呈现各效率指标的年度变化规律，可将表 8.4 中数据展示于坐标轴中，如图 8.3 所示。图 8.3 中可见，全国蔬菜种植规模效率明显，规模效率在 0.8～1.2 小幅度波动，多数年份在 1.1 左右，2015 年达到 1.33。这表明我国露地蔬菜生产规模近年持续处于规模有效上升期，在扩大规模的努力方向上回报显著。这同样印证了前述露地蔬菜大户效率高于小户的结论。露地蔬菜种植通常田间管理工序简单、病害少（白萝卜、结球甘蓝、马铃薯等都较少生病害），便于大型机具的展开使用。反之，黄瓜等蔬菜每天需要大量的人工劳作，种植规模的扩大往往带来规模收益下降，在黄淮海地区的设施蔬菜种植就是如此。

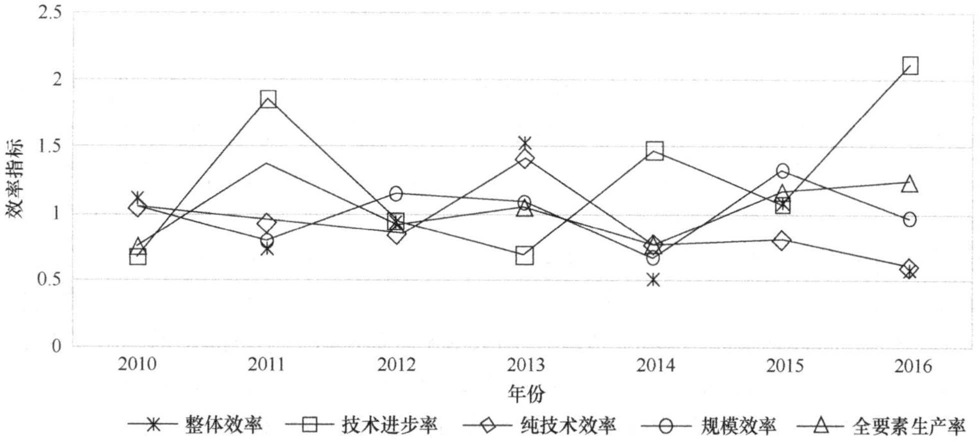

图 8.3　年度各效率指标变化曲线

按规模划分后的各蔬菜主产区种植户 MI 及其分解如表 8.5 所示。按 MI 的分解原理，各主产区分大、中、小户类型的 DMU 效率值分列于表 8.5 中。

表 8.5　各蔬菜主产区的 MI 及其分解

DMU	整体效率	技术进步率	纯技术效率	规模效率	全要素生产率
北部高纬度夏秋（小）	0.84	1.15	1.00	0.84	0.97
北部高纬度夏秋（中）	1.09	1.28	1.09	1.00	1.38
北部高纬度夏秋（大）	0.81	1.21	0.85	0.95	0.98
华南和西南热区冬春（小）	0.91	1.05	1.00	0.91	0.95
华南和西南热区冬春（中）	0.82	1.11	0.83	0.99	0.92
华南和西南热区冬春（大）	1.10	1.37	1.08	1.02	1.51
黄土高原夏秋（小）	1.00	1.27	1.00	1.00	1.27
黄土高原夏秋（中）	0.77	1.12	0.80	0.97	0.87
黄土高原夏秋（大）	1.16	1.20	1.15	1.01	1.38

续表

DMU	整体效率	技术进步率	纯技术效率	规模效率	全要素生产率
云贵高原夏秋（小）	0.90	1.07	0.85	1.05	0.96
云贵高原夏秋（中）	0.79	1.14	0.79	1.00	0.90
云贵高原夏秋（大）	0.77	1.27	0.78	0.99	0.98
长江流域冬春（小）	0.83	1.01	0.74	1.12	0.84
长江流域冬春（中）	0.80	1.04	0.82	0.98	0.83
长江流域冬春（大）	0.70	1.05	0.72	0.97	0.74
均值	0.88	1.15	0.89	0.99	1.01

注：表中数据来源、计算方法、摘录过程同表 8.4，存在相似的数据差异可能

露地蔬菜种植户中，大户比小户更有效率。由表 8.5 计算可知，露地蔬菜生产经营中，大户的整体效率为 0.908，技术进步率为 1.22，规模效率为 0.988，全要素生产率为 1.118，普遍高于中、小户。本章主要研究露地蔬菜种植的规模效率，露地蔬菜种植面积大且主要蔬菜品种受病害影响较少，例如，结球甘蓝、白萝卜等本身病害就少；大户的全要素生产率是 1.118，而中、小户的全要素生产率在 1 以下，原因在于大户蔬菜种植面积较大，可以通过雇佣劳动力方式来完成，同时大户在种子、农药、化肥和灌溉等投入相对于中小户而言更快捷、容易。另外，由表 8.5 计算可得，小户的技术进步率为 1.11，中户的技术进步率为 1.138，而大户的技术进步率则为 1.22，这表明随着时间的推移，在露地蔬菜种植中大户更倾向和易于改进技术从而使得效率得到提升。

由表 8.5 可算得，大、中、小户的纯技术效率分别为 0.916、0.866、0.918，这表明在生产资料配置方面，小户仍能体现出比其他类型农户更大的灵活性和高效率。

大户生产效率高的原因主要是技术进步率和整体效率高，后者由大户的规模效率引发。在组成全要素生产率的因素中，只在技术进步率和规模效率两项，大户比中、小户高，纯技术效率等其他方面，大户反而比小户低。结合地区分布来看，小户中，黄土高原夏秋蔬菜主产区的整体效率、纯技术效率、规模效率为 1.00，技术进步率和全要素生产率为 1.27，普遍高于其他主产区；中户中，北部高纬度夏秋蔬菜主产区的整体效率为 1.09，技术进步率为 1.28，纯技术效率为 1.09，规模效率为 1.00，全要素生产率为 1.38，远高于其他主产区。华南和西南热区冬春蔬菜主产区在大规模蔬菜种植中更有效率，此区冬季温暖，适合种植喜温蔬菜，主要由广东、广西和环云南外围地区组成，便于开展规模化种植，促使该区进一步获取和提升规模效率。黄土高原多为海拔 800m 以上的高原、平坝和丘陵，但该区昼夜温差大且夏季凉爽，适合种植多种蔬菜，但此区露地种植仅在每年 5～10 月，露地蔬菜（如白萝卜、白菜、结球甘蓝）一般工序简单、一次收获，与黄瓜、番茄等多次采摘蔬菜相比，田间劳动简单、量少，也便于大规模种植。在北部高纬度地区和云贵高原地区等种植根茎类蔬菜地区，农户生产效率明显高于长江流域与华南和西南热区。

8.5 研究启示

露地蔬菜种植户中，大户比小户更有效率，蔬菜适度规模经营引导政策应当结合不同地域及当地的主要产出品种进行。露地蔬菜主产区从总体看（在当前的种植面积下）是存在规模效应的，部分种植环节简单、病害少的品种主产区应当引导进行规模化种植，以获取更好的规模效率。对于设施蔬菜，在当前生产技术条件下，在黄淮海与渤海设施蔬菜主产区农户研究中已证实规模为一两个大棚，小户效率更高，大户效率更低。因此，蔬菜产业政策制定和引导中，对于露地蔬菜，应当根据品种特性，以扶持增大农户种植规模、逐步自然减少小户政策为主；对劳动更加密集的设施蔬菜，应当以维持当前种植规模为主，不宜作增大农户种植规模引导。

露地蔬菜种植户中，对主产区和大户，应当从提高纯技术效率角度推动产业提升，即改进和提高管理水平与种植决策能力、调换种植品种等；对小户，应当从提高技术进步率角度入手，即提高对新技术、新工艺、新品种等的采纳与响应，将新技术及时地用到生产中。云贵高原夏秋蔬菜生产以高山小户为主，在这些地区应当进行更多的新技术、新工艺、新品种推广；黄土高原夏秋蔬菜生产多为高原、平坝地区，种植规模较大，在这些地方应当进行农户特别是大户的经营管理培训，提高其种植决策能力和管理水平，华南和西南热区冬春蔬菜生产具有类似的地理和生产特征，应当执行类似产业引导策略。

第 9 章　BP 神经网络在食品安全预警中的应用

本章以我国食品安全监测实际数据为样本，研究基于反向传播（back propagation，BP）神经网络的食品安全预警方法。首先，对食品安全日常监测数据进行筛选、简化，选择其中与食品安全最为密切的 167 种检测项目，以此检测项目为指标按月度建立数据样本；然后，建立以 167 种检测项为输入层，包含 2 个隐层，以化学污染、农药残留、兽药残留、重金属超标、致病菌超标 5 个大类为输出层的食品安全预警神经网络模型；最后，用所得数据样本进行训练和验证。结果表明，基于 BP 神经网络的食品安全预警方法能有效识别、记忆食品危险特征，并对新样本进行有效的预测。本章的研究有助于丰富食品安全数据的处理方法并完善相关预警技术手段。

9.1　问 题 背 景

食品安全预警是食品安全管理的重要内容。欧洲、美国、日本、韩国等普遍建有食品安全监测或预警体系（樊红平等，2007；陈华宁，2007）。有效的监测或预警体系能够极大地提高食品安全水平。近年来，我国对外贸易中有时会由于食品安全问题而引发出口产品退回情况，影响食品对外经贸发展；而经贸活动的全球化使得许多食品安全因素呈现跨地域流动与传播特征，进而在更大范围内引发食品安全事件（Jevsnik et al.，2008；Banati，2008）。出于以上考虑，有必要对我国食品安全进行实际的监管与预警，数据的分析与预警是其中的重要工作。

食品安全预警的主要方法分为定性分析与定量预测两种。定性分析得出预警的结论主要关注政策与理论分析，如食品管制（Berrueta et al.，2007）、参与人对食品安全风险的态度（Wang et al.，2008；Todt et al.，2007）、对食品安全问题的认识程度（李聪和黄逸民，2006）。定性分析存在数理统计，但主要来自问卷数据，而非检测数据，显然不适用于经常性的日常食品安全预警管理。定量预测是基于数据分析的预警方法，通过日常食品安全监测网所得的食品检测数据进行分析并得到预警结论，这也是食品安全研究的常用方法（章德宾等，2006）。本章的研究基于定量预测。

已有的定量预测研究存在两个不足。一是已有研究主要采用基于统计方法的数据分析方法，如时间序列法、回归分析法，这些方法要求系统已知或变量间关系明确，这在实际应用中无法实现，许多回归分析模型偏离实际就是因为模型本身结构不明晰。食品安全与政府管理能力、社会心理等因素密切相关，是一个复杂的管理问题，对于这样的问题，采用基于确定关系的数据分析方法往往效果不佳（Goni et al.，2008）。二是已有研究只是在当前数据超标、数据变动量超标时根据统计值做出的预警，这种在风险发展到临界点或即将到临界点时才进行警示的方法不符合预测的本质。安全预警要能够尽可能早的、在已知数据看似正常的状态下分析得到未来知识，而不是对当前状态的监测说明。

人工神经网络（artificial neutral network，ANN）是人工智能的重要工具，也是管理系统仿真研究的重要方法，其通过大样本训练隐含规律，不需要严格的系统输入值之间、输入值与输出值之间的特定关系，同时能够以区间数、模糊数等方式处理定性信息，在农产品加工时间选择、危害分析与关键控制点（hazard analysis and critical control point，HACCP）中关键点的识别等研究领域都有应用（Chen and Ramaswamy，2003）。采用 ANN 方法研究食品安全预警问题能够避免上述不足，同时达到基于现有定量与定性知识对未来状态预警的目的。因此，本章从我国质量技术监督部门的实际检测样本出发，结合食品安全预警问题的特点，分析并建立基于 BP 神经网络的食品安全预警模型，并进一步对模型的有效性进行验证。

9.2　基于 BP 神经网络的食品安全预警模型

ANN 方法是人工智能领域处理不确定问题的方法之一，其以并行处理、自学习、实时处理等见长。在实际问题处理中，大量神经元的微活动构成了神经网络的总体宏效应，神经网络具有很强的表现能力与容错性，实现简单，且能够用硬件实现，在图像语音模式识别、股市分析预测、管理问题优化与决策等方面得到大量实际应用（冯定，2006）。食品安全问题的内部影响因素复杂，社会群体构成比例、社会法治文明等从宏观上看都是食品安全的重要影响因素，同时食品种类、产量、菌落总数等是食品安全中不可忽视的重要因素。在食品安全预警研究中，ANN 是一种适合待解决问题的重要方法。

9.2.1　数据的来源、预处理

通过与中国标准化研究院多位食品安全专家就课题进行交流，本书得到了 2007 年我国质监系统监督检验部门日常检验工作的原始数据，主要由国家市场监督管理总局下设的国家检测中心和各省区市质量技术监督局报送。解决实际问题与科学研究的重要区别在于实际问题复杂，而科学研究往往需要将问题简化，去除次要因素，突出待解决问题。食品安全问题数据来源于实际质监系统，数据种类多、数量大，有必要对其进行分析、预处理和适当的简化。

原始食品安全检测报表数据为 Excel 格式，如表 9.1 所示。上报频率为每周一次，研究对象为食品安全。质监部门的检测数据属性共计 43 项，限于篇幅，表 9.1 中隐去了数据来源、生产厂商、产地、送检单位、送检日期等数据属性。

表 9.1　原始食品安全检测报表数据

样品识别编号	产品子类	产品名称	生产日期	检测项目名称	实际检测值	标准限量值	检验结果判定	检验项目类型	检验单位	样品检测结果
NZJ200713389	饮料	某品牌饮用纯净水	2007-11-13	砷	8e–005	≤ 0.01	合格	金属		合格
NZJ200713389	饮料	某品牌饮用纯净水	2007-11-13	铅	0.000 1	≤ 0.01	合格	金属		合格
NZJ200713389	饮料	某品牌饮用纯净水	2007-11-13	亚硝酸盐	<0.002	≤ 0.002	合格	食品添加剂		合格
NZJ200713394	方便食品	黑米粥	2007-11-7	配料表	有	应标明	合格	标签		合格
NZJ200713389	饮料	某品牌饮用纯净水	2007-11-13	金黄色葡萄球菌	未检出	不得检出	合格	致病菌		合格
NZJ200713393	方便食品	玉米糊	2007-11-1	菌落总数	60	≤ 1 000	合格	微生物污染		合格
NZJ200713327	方便食品	藕粉	2007-11-12	杀螟硫磷	未检出（检出限为 0.007mg/kg）	≤ 0.5	合格	农药残留		合格
NZJ200713394	方便食品	黑米粥	2007-11-7	水分	3.8	≤ 8.0	合格	食品成分		合格
NZJ200710300	豆制品	某品牌豆腐干	2007-9-2	菌落总数	130 000	≤ 750	不合格	微生物污染		不合格
NZJ200713394	方便食品	黑米粥	2007-11-7	味	符合要求	具有该产品固有的滋味及气味，无异味	合格	感官	国家农副产品质量监督检验中心（南京）	合格
NZJ200710307G	饮料	香芋奶茶（普通型固体饮料）	2007-9-8	糖精钠	未检出（检出限为 0.000 03g/kg）	≤ 0.15	合格	食品添加剂		合格
NZJ200713394	方便食品	黑米粥	2007-11-7	色泽	符合要求	具有该产品固有的色泽	合格	感官		合格
NZJ200713393	方便食品	玉米糊	2007-11-1	砷	0.02	≤ 0.2	合格	金属		合格
NZJ200713393	方便食品	玉米糊	2007-11-1	肠道致病菌	未检出	不得检出	合格	致病菌		合格
NZJ200713393	方便食品	玉米糊	2007-11-1	铅	0.04	≤ 0.2	合格	金属		合格
NZJ200713393	方便食品	玉米糊	2007-11-1	色泽	符合要求	具有该产品固有的色泽	合格	感官		合格
NZJ200713393	方便食品	玉米糊	2007-11-1	大肠菌群	<30	≤ 40	合格	微生物污染		合格
NZJ200713393	方便食品	玉米糊	2007-11-1	组织	符合要求	呈粉状、片状或颗粒状及具有该产品固有的组织形态	合格	感官		合格

……

检测数据的检测项目有 2000 多项，数据的形式各异。

（1）描述性变量，如含水量较高、一般、低（含水量可能采用数字准确化测量和表示，也可能采用感官检验）。

（2）有的是界限值，如未超过、超过 200ppm（可能限于仪器设计，只给出过与不过两种结果），有的是具体数值。

（3）具体检测种类较多，约为 1300 类。数据库表中检测项目未进行编码，仅为顺序号。因此，要将这些数据项的评价全部纳入一个模型或一个系统中，就需要一个比较简单的处理这些不同类型数据的方法。逐个进行单样本分析几乎不可能。

对此数据库的构成进行分析，表 XiangMuJianCeLeiBie 中将整个数据库的检测项目进行了分类与汇总。如表 9.2 所示，第 1 列为检测项目编号，第 2 列为检测项目名称，第 3 列为检测项目所属大类。例如，“甲苯噻嗪”为要检测的具体兽药名称，其所属的大类为“兽药残留”。表 9.2 为部分质监系统当前对食品安全检测的名称与大类示意，主要采用分类分级对检测项进行编号。

表 9.2 原始数据检测项目名称与所属大类

XiangMuJianCeLeiBie 查询		
id	DetectedItem	DetectedItemClass
1	苯甲酸	食品添加剂
10	甲基汞	金属
100	银	金属
1000	乙酰丙嗪	兽药残留
1001	氯丙嗪	兽药残留
1002	氟哌啶醇	兽药残留
1003	丙酰二甲氨基丙吩噻嗪	兽药残留
1004	咔唑心安	兽药残留
1005	阿扎哌醇	兽药残留
1006	阿扎哌隆	兽药残留
1007	甲苯噻嗪	兽药残留
1008	癸氧喹酯	兽药残留
101	氯仿	化学污染物
1010	去壳不净	品质指标

将表 9.2 中的 1291 种检测项目划分成 16 个大类。用结构化查询语言（structured query language，SQL）生成语句如下：

```
SELECT DetectedItemClass AS ["检测大类"], count（DetectedItemClass） AS ["子类数量"] FROM XiangMuJianCeLeiBie GROUP BY DetectedItemClass
```

各大类下检测项目的数量如表 9.3 所示。由表 9.3 可看出，1291 种检测项目分为 16 个大类，其中以品质指标、食品添加剂、兽药残留为最多，分别是 465 种、222 种、139 种。

表 9.3　原始数据检测项目的大类及所包括的子类数量

XiangMuJianCeLeiBie 查询

"检测大类"	"子类数量"
标签	48
非食品原料	26
感官	32
化学污染物	77
寄生物感染	4
金属	30
农药残留	91
品质指标	465
其他	7
食品成分	93
食品添加剂	222
兽药残留	139
微生物污染	22
异物	8
真菌毒素	9
致病菌	18

以上是从检测项目角度进行的划分。此外，也可从检测对象即食品种类角度进行划分。主要做法是：将所有需要检测的食品划分成粮食、调味品、乳制品、肉类等共 28 个大类，每个大类下又进行第二次分类，如调味品分成酱油、食醋、食用盐、味精、酱、调味料酒、香辛料、复合调味料等调味成品和调味料、调味油等。这种数据划分方法与本章的主要出发点不同，不详述。

拟采取的对数据样本的主要处理如下。

上述样本中有许多指标是针对质量特征的，如标签、品质指标。这些指标与食品安全有一定的关系，标签项目不全、品质不达标的食品往往容易存在安全问题，但这些指标更主要的是说明食品质量，与食品安全性的关系并不密切。因此，有必要从偏重安全的角度对数据进行一定的简化。

若检测项目太多，就有可能因分散注意力而忽视主要问题，应当去除偏重质量的指标。全国或省区市级食品安全问题的最直接表现来自化学污染、农药残留、兽药残留、重金属超标、致病菌超标等。因此，首先将这 5 个大类最主要的安全检测类作为一级指标，然后选取每个大类中最有代表性的检测项目作为二级指标，构建食品安全预警用数据项，将数据库中其他检测项目的检测记录予以忽略。这样能够突出重点，也能使问题的分析大大简化。

在新的检测结构 ANNItemFrame 之上形成新的数据记录表 test0327，用 SQL 生成语句如下：

```
SELECT dataTotalToLi.样品识别编号, dataTotalToLi.检验报告编号, dataTotalToLi.抽样时间, dataTotalToLi.产品类别, dataTotalToLi.产品子类,dataTotalToLi.产品名称,dataTotalToLi.检测项目名称,dataTotalToLi.实际检测值, dataTotalToLi.标准限量值, dataTotalToLi.检验结果判定, dataTotalToLi.检验项目类型, dataTotalToLi.不合格项目属性, dataTotalToLi.检验日期, dataTotalToLi.检验单位, dataTotalToLi.样品检测结果 INTO test0327
FROM dataTotalToLi INNER JOIN ANNItemFrame ON dataTotalToLi.检测项目名称 = ANNItemFrame.DetectedItem
```

将数据记录表 test0327 以月为单位划分成月度训练样本，也就是在数据记录表 test0327 中将这些记录读到 12 个新表 testData1～testData12 中，用 VBA 实现：

```
Sub data12month( )
For i = 1 To 12
Dim stDocName As String
stDocName = "SELECT 样品识别编号, 抽样时间, 检测项目名称, 实际检测值, 标准限量值, 检验结果判定, 检验项目类型 INTO testData" + CStr(i) + " FROM test0327 WHERE test0327.抽样时间 like '2007-" + CStr(i) + "-*'"
   DoCmd.RunSQL (stDocName)
Next i
End
End Sub
```

划分后的 12 个月度数据样本记录分布状况如表 9.4 所示。

表 9.4　按新指标筛选的数据样本记录分布状况

时间	样本数量/个
2007 年 1 月	0
2007 年 2 月	0
2007 年 3 月	0
2007 年 4 月	0
2007 年 5 月	0
2007 年 6 月	0

续表

时间	样本数量/个
2007 年 7 月	5
2007 年 8 月	276
2007 年 9 月	1074
2007 年 10 月	152
2007 年 11 月	354
2007 年 12 月	664
2008 年 1 月	2584
2008 年 2 月	247

由表 9.4 可见，用同样的检测项目结构筛选出的每个月样本数量并不相同，这说明每个月检测的种类和数量不完全相同。2007 年 1～6 月没有检测数据，说明数据建立时间可能没有完全实现正规化、常态化，在理想状态下，如果每个月的检测种类相同、上报准确，那么在按同样的指标进行数据记录筛选时，所得每个月的样本数量应是相同的。随着检测、报送工作的规范化、标准化，数据样本必将更加完善，而且积累时间越久，数据样本越丰富，样本所能承载的知识规律就会越多，在此基础之上的 ANN 就能越多地表现食品安全预警的本质规律。

9.2.2　问题的抽象与模型建立

ANN 是在生物神经元研究基础上，将人脑处理信息的机制用简化的输入、传递函数、阈值等组合模拟，其中，生物神经元的树突、轴突、细胞核在 ANN 中分别以输入向量、累加器输出、传递函数等表示。BP 神经网络在训练中将误差反向作用于神经元的输入权值与阈值设定，不断修正权值与阈值，使实际输出较好地接近期望值。BP 神经网络结构简单、训练方法多、可调参数多、表现能力强，是目前应用最多的神经网络模型。包含一个输入层、两个隐层、一个输出层的三层 BP 神经网络模型如图 9.1 所示。

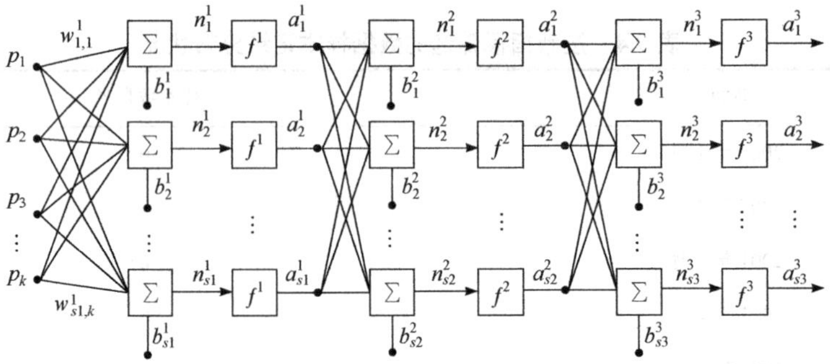

图 9.1　三层 BP 神经网络模型

其中，$p=(p_1\quad p_2\quad \cdots p_k)^{\mathrm{T}}$ 是由 k 个标量组成的列向量，为神经网络的输入值；

$\alpha^3=(\alpha_1^3 \quad \alpha_2^3 \quad \cdots\alpha_{s3}^3)^{\mathrm{T}}$ 是由 $s3$ 个标量组成的列向量，由 $s3$ 个神经元输出，是神经网络的输出值，在初始训练时又当作期望值；中间两个隐层分别有 $s1$、$s2$ 个神经元。

第一层由 $s1$ 个神经元组成：

$$\alpha_1^1=f^1(\sum_{l=1}^{k}w_{1,l}^1\times p_l+b_1^1)$$

$$\alpha_2^1=f^1(\sum_{l=1}^{k}w_{2,l}^1\times p_l+b_2^1)$$

$$\vdots$$

$$\alpha_{s1}^1=f^1(\sum_{l=1}^{k}w_{s1,l}^1\times p_l+b_{s1}^1)$$

令 α^1 表示第一层输出值，则 $\alpha^1=(\alpha_1^1 \quad \alpha_2^1 \quad \cdots\alpha_{s1}^1)^{\mathrm{T}}$。

第二层由 $s2$ 个神经元组成：

$$\alpha_1^2=f^2(\sum_{l=1}^{s1}w_{1,l}^2\times \alpha_l^1+b_1^2)$$

$$\alpha_2^2=f^2(\sum_{l=1}^{s1}w_{2,l}^2\times \alpha_l^1+b_2^2)$$

$$\vdots$$

$$\alpha_{s2}^2=f^2(\sum_{l=1}^{s1}w_{s2,l}^2\times \alpha_l^1+b_{s2}^2)$$

令 α^2 表示第二层输出值，则 $\alpha^2=(\alpha_1^2 \quad \alpha_2^2 \quad \cdots\alpha_{s2}^2)^{\mathrm{T}}$。

第三层即输出层由 $s3$ 个神经元组成：

$$\alpha_1^3=f^3(\sum_{l=1}^{s2}w_{1,l}^3\times \alpha_l^2+b_1^3)$$

$$\alpha_2^3=f^3(\sum_{l=1}^{s2}w_{2,l}^3\times \alpha_l^2+b_2^3)$$

$$\vdots$$

$$\alpha_{s3}^3=f^3(\sum_{l=1}^{s2}w_{s3,l}^3\times \alpha_l^2+b_{s3}^3)$$

令 α^3 表示第三层输出值，则 $\alpha^3=(\alpha_1^3 \quad \alpha_2^3 \quad \cdots\alpha_{s3}^3)^{\mathrm{T}}$。

9.2.3　网络设计

BP 神经网络具有很强的表达能力，输出层采用 sigmoid 函数、隐层采用 logsig 函数的三层 BP 神经网络能够逼近任意函数。BP 神经网络要求传递函数全部可微。现有可微传递函数主要有 purelin、logsig、tansig 三种，为了在输出层能够得到 0～1 的概率期望值，在输出层选择 logsig 函数。输入变量 P 的维度较大（维度为 167），为了能够较快地得到收敛，在第一、二层选择 tansig 函数。

BP 神经网络的输出要能够区分不同种类的食品安全状态。数据样本以周为单位上报，每个月内有 4 次，因此在 BP 神经网络中可以月度为单位。这样将表 dataTotalToLi 的 12 个月数据分成 12 个输入样本，因 2007 年 7 月之前的数据样本偏少无法作为训练样本，故将 2007 年 8～12 月、2008 年 1 月的每半个月数据作为样本，并将这 6 个样本数量结构手工调整到相同。这样就会有 10 个样本用于训练，2 个样本用于验证。

采用与 9.2.2 节同样的符号将网络表示为

$$p = (\text{data8（1:130）data8（131:260）data9（1:130）data9（131:260）data10（1:130）data10（131:260）data11（1:130）data11（131:260）data12（1:130）data12（131:260）})^{\mathrm{T}}$$

$$\alpha^3 = (\text{化学污染 农药残留 兽药残留 重金属超标 致病菌超标})^{\mathrm{T}}$$

的每月评价结论。以列序为主，对 10 个样本的期望评价值如表 9.5 所示。

表 9.5　对 10 个样本的期望评价值

参数	1	2	3	4	5	6	7	8	9	10
化学污染	0	0.9	0.8	0.8	0.2	0	0.9	0.8	0.8	0.2
农药残留	0.7	0.8	0.9	0.7	0.3	0.65	0.8	0.9	0.7	0.3
兽药残留	0.65	0.8	0.1	0.25	0.8	0.65	0.8	0.1	0.25	0.8
重金属超标	0.85	0.3	0.7	0.3	0.7	0.85	0.3	0.7	0.3	0.7
致病菌超标	0.8	0.2	0.8	0.9	0.85	0.8	0.2	0.8	0.9	0.85

9.3　BP 神经网络的 MATLAB 实现

9.3.1　主程序

下面是用 MATLAB 实现的 BP 神经网络模型，已经运行通过。

```
%clear
%open('matlabtt.mat')
p=[data8(1:130)data8(131:260)data9(1:130)data9(131:260)
data10(1:130)data10(131:260)data11(1:130)data11(131:260)data12
(1:130)data12(131:260)];
t=[Book1]
net=newff(minmax(p),[50,5],{'tansig','logsig'},'trainlm');
net.trainParam.epochs=150;
net.trainParam.goal=0.27;
```

```
[net,tr]=train(net,p,t)
pf=[data081(131:260)]
y=sim(net,pf);
y
```

上述程序中，open('matlabtt.mat')若不能执行，则需要将此行删除，打开matlabtt.mat，直到在主窗体中看到训练样本数据，再进行后续的训练，否则会提示训练样本维度出错。

9.3.2 训练过程与验证

1. 训练过程

```
TRAINLM, Epoch 0/150, MSE 0.229334/0.27, Gradient 7.04319/
1e-010
TRAINLM, Performance goal met.
net =
Neural Network object:
architecture:
 numInputs: 1
 numLayers: 2
   biasConnect: [1; 1]
  inputConnect: [1; 0]
  layerConnect: [0 0; 1 0]
 outputConnect: [0 1]
 targetConnect: [0 1]

numOutputs: 1  (read-only)
numTargets: 1  (read-only)
numInputDelays: 0  (read-only)
numLayerDelays: 0  (read-only)

subobject structures:
inputs: {1x1 cell} of inputs
layers: {2x1 cell} of layers
   outputs: {1x2 cell} containing 1 output
   targets: {1x2 cell} containing 1 target
biases: {2x1 cell} containing 2 biases
  inputWeights: {2x1 cell} containing 1 input weight
  layerWeights: {2x2 cell} containing 1 layer weight
```

```
functions:

 adaptFcn: 'trains'
   initFcn: 'initlay'
performFcn: 'mse'
  trainFcn: 'trainlm'
parameters:
adaptParam: .passes
 initParam: (none)
  performParam: (none)
trainParam: .epochs, .goal, .max_fail, .mem_reduc,
.min_grad, .mu, .mu_dec, .mu_inc,
.mu_max, .show, .time
weight and bias values:
IW: {2x1 cell} containing 1 input weight matrix
LW: {2x2 cell} containing 1 layer weight matrix
 b: {2x1 cell} containing 2 bias vectors
other:
  userdata: (user stuff)
tr=

epoch: 0
 perf: 0.2293
vperf: NaN
tperf: NaN
   mu: 0.0010
```

2. 验证

用 2008 年 1 月上半月的数据导入训练好的模型：

```
pf=[data081(131:260)]
y=sim(net,pf);
y
```

可得到输出结论为

```
Y=  0.1289
0.4334
0.9408
0.1470
0.3237
```

对照 $\alpha^3 =$ (化学污染 农药残留 兽药残留 重金属超标 致病菌超标)^{T} 的 5 个维度分析可知，在 2008 年 1 月的检测样本中，兽药残留问题突出，同时存在一些农药残留问题，化学污染、重金属超标、致病菌超标等其他主要指标类则情况好一些。这提示在下一步的食品质量安全中应侧重农药、兽药残留问题，加强对食品的农药、兽药残留检测与检验。该预测结论与对 2008 年 1 月初数据的初步分析是一致的，说明基于 ANN 的食品安全预警方法是有效的。

当然，上述方法与结论仍存在一些值得讨论的地方。第一，食品安全监测数据是很不完备的，主要体现为月度监测数据在检测项目、检测地、检测量等方面不完全统一，有些月份数据缺失。只有高质量的原始数据才能得到高质量的分析结论，本章人为地将原始数据修改成一致数据，有效性存在一定的差距，但此问题将随着样本采集的逐步规范化得到解决。第二，分析数据的原始录入存在大量不适应系统处理的问题，如没有主键、数据录入格式不统一、计量单位不统一，本章只能根据常识进行修改，这在一定程度上影响了最终的评价效果。此问题的根本在于质监系统要建立一个规范化的数据库，并以此库为基础进行数据的收集。总之，安全监测数据的完备性会随着相关数据系统的建立、更高质量的样本的获得而得以提高，并将得到更加完善的结论。现有数据、预测过程已经能够说明该方法的可行性与有效性。

9.4　研究启示

建立 BP 神经网络模型对历史数据进行训练，能够在系统内部规律未知的情况下，通过主要评价指标得到有关系统的评价或预测结论。本章通过对我国食品安全监测数据的分析，对日常数据进行了筛选，选择其中与食品安全最密切的 167 种检测项目并建立数据样本，构建了基于 BP 神经网络的食品安全预警模型，并进行了初步应用验证。研究表明，基于 BP 神经网络的食品安全预警模型能够在训练数据的基础上进行安全预测，是一种有效的食品安全分析工具。

第 10 章　基于 MAS 的农户 ADM 羊群行为仿真模型实现

种植面积决策（acreage decision making，ADM）具有重要意义。某些短周期生鲜农产品（如蔬菜）的供给量经常剧烈波动，使农户和市民双重受损。大量小散户的 ADM 无法科学化是重要原因之一。如果大量小散户能够实现 ADM 科学化，总供给量就能够避免巨幅波动。个体风险偏好作为决策过程中重要的影响因素，对农户 ADM 行为存在不可忽视的影响，研究这一影响具有重要的现实意义。

羊群效应对 ADM 存在复杂影响。在由大量小规模参与者组成的群体中，个体决策受到周围邻居和个体偏好影响，大量个体决策的结果加总将产生巨大的涌现并带来灾难性后果。在这类问题中，研究个体风险偏好对决策结果的影响具有重要的科学意义。

Chavas（2004）建立了一个基于众多因素的 ADM 模型，大大扩展了以往仅针对价格、数量等传统经济理论的思路。该模型既包含了产量和产出价格的不确定，又巧妙地避免了通货膨胀的干预，同时详细描述了农场水平决策的过程。因此，该模型得到了广泛应用，并成为迄今在农产种植面积决策研究中引用最多的成果。

首先，本章在已有 ADM 模型的基础上设计实现 ADM 行为的 MAS 模型；其次，基于此 MAS 模型，研究不同邻居联接特征下个体风险偏好对于 ADM 的影响规律，并对仿真输出进行结果分析；最后，从农户风险偏好视角，提出促进农户 ADM 科学化、稳定行业供给的政策建议。

农户行为受周围邻居影响显著，ADM 中羊群效应特征明显。个体行为往往更多地受群体和环境影响，从众是大多数人的选择。农户 ADM 行为主要受上期价格影响，本期价格预测对农户群体是公共知识，而农户个体受周围邻居（包括经销商）影响是存在个体差异的。宏观上类似于羊群。

本章采用无标度网络表示农户群体结构，采用系统仿真模拟农户之间的影响。

10.1　基于 MAS 的 ADM 行为模型

在市场中，每个农户都是独立的个体，他们会做出自己的选择，会根据外界的变化相应地进行调整，会主动寻求利益最大化，会与其他农户产生交流活动。针对这样的情况，可以把市场中每个农户看作一个智能体，那么一个市场就是多个智能体的集合，也就构成了一个 MAS。运用 MAS 可以模拟每个农户的行为，经过协同合作，还原一个开放的市场中农户面对情况作出反应的过程。

农户 ADM 逻辑模型可进行如下简化：农户 ADM 逻辑模型受上期价格波动ΔP、成本（化肥 C_1、种子 C_2、农药 C_3）、大户 I_1、散户 I_2、农户风险偏好 R 的影响。

如图 10.1 所示，农户 ADM 逻辑模型简要论述ΔP、C_1、C_2、C_3、I_1、I_2、R 之间的主要作用关系、方向、周期、媒介。首先，根据两类外部变量——上期价格波动和成本，计算本期的可能种植面积。然后，大户和散户间的判断意向将通过外部影响这一决策过程，加上内在的农户风险偏好，共同作用于最终种植面积。在面临不同的外部环境时，农户风险偏好相同的个体仍可能表现出不同的 ADM。对于此种复杂的多因素决策问题，建立仿真模型，综合考虑多种因素的不同组合下的农户 ADM 行为，能够更全面、有效地反映客观规律。

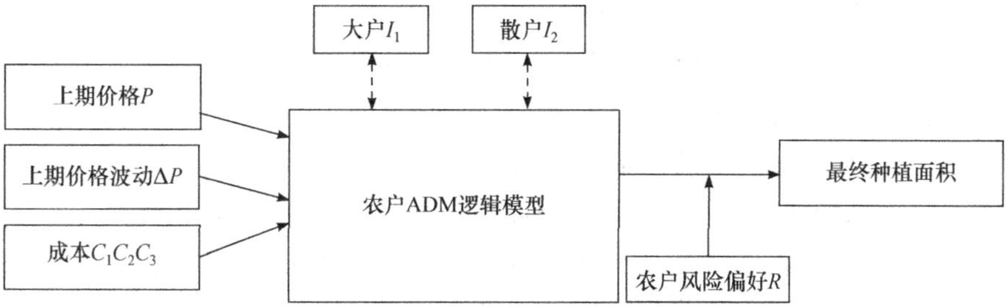

图 10.1　农户 ADM 逻辑模型

参考 Chavas 的相关研究，本章建立基于农户羊群效应的风险偏好决策模型，以多智能体和消息为核心，研究不同农户之间相互影响并最终得到决策行为。

10.2　羊群行为的 MAS 模型

羊群行为的 MAS 模型主要分为三部分，分别是个体构建部分、消息影响部分及风险判定部分。农户行为受外在和内在的因素影响。外在因素为利润以及他人看法。当市场上利润高时，对应的种植面积将更大，反之亦然。他人看法将在一定程度上影响农户对未来的预期，从而产生不同的结果。内在因素为农户受外界影响的难易程度以及农户风险偏好。农户容易被影响时，将像羊群中的羊一样，随大众看法而作出选择；农户不容易受影响时，将脱离大众看法，凭自己的看法作出选择。农户风险偏好将决定农户面对当前风险和利润时的选择。

10.2.1　ADM 市场中消息传播机制

农户种植面积剧烈波动的本质是风险厌恶的决策人面临市场不确定时，受周围邻居意见的影响，从众式地进行 ADM，引起羊群效应式的产量波动“涌现”。其中，（无论正面的还是负面的）市场走向和风险判断信息在农户群体中往往呈现病毒式扩散，对农户决策产生重要影响，极大地加剧了种植面积的不稳定。消息传播机制在 ADM 研究中不可忽视。

农户规模不同，对市场的影响能力也有所不同。大户对未来的预期将引起很多散户的重视，从而可能引发市场的相应变化；散户对未来的预期则不能带来这么大的变化。

将其用不同的分值进行模拟。大户的预期将有权重为 5 的效力，散户的预期将有权重为 1 的效力。当一个大户发布消息称“未来行情好”时，市场预期值 E_M将获得+5；当一个散户发布消息称“未来行情差”时，市场预期值 E_M 将获得−1，以此类推，最终将得到一个总市场预期。

为了实现接收消息的区别对待，二者将向市场发布不同的消息，最终带来不同的变化。

（1）大户向市场发送“未来行情好”“未来行情差”消息，格式如下：

Message : < the future is good, object >

Message : < the future is bad, object >

（2）散户向市场发送“未来行情好”“未来行情差”消息，格式如下：

Message : < the future may be good, object >

Message : < the future may be bad, object >

在形成总市场预期之后，每个农户会针对性地进行调整。其中，大户具有信息渠道的优势，不会被市场预期影响。散户则具有信息匮乏、规模较小等劣势，比较容易受市场预期影响。不同的农户受外界影响能力 E_f 有所不同，最终出现不同的结果。接下来将介绍散户的信息影响方式。

10.2.2 公开市场信息

当农户没有明显特征（即 $a<E_f<b$，其中，a、b 为阈值）时，市场的预期直接导向农户的预期，农户与市场方向一致，即 $E_x = E_M$。

当农户较难被影响（即 $b<E_f$，其中，b 为阈值）时，农户将参考市场预期，作出与市场预期相反的预期，即 $E_x = -E_M$。

需要注意，受外界影响能力 E_f不是单纯地指农户是否愿意听从外界意见，还包括农户获取外界信息的能力等，是多项指标综合后的新指标。

10.2.3 邻居的确认和邻居信息

$G=(V,A)$表示 n 个顶点的无向图，$V=\{v_1,v_2,v_3,\cdots,v_n\}$表示节点集合，$A=\{\langle v_1,v_2\rangle, \langle v_1,v_5\rangle,\langle v_1,v_4\rangle,\cdots\}$表示连通路径集合，有序对$\langle v_a,v_b\rangle$表示节点 v_a,v_b 存在通路。

农户群体在传播信息时，机密信息采用深度优先路径传播，例如，重要市场信息往往有选择地从私密朋友圈开始向外传播；非机密信息采用广度优先路径传播，例如，有关化肥、农药信息一般在物理上相邻的个体间传播。在收到消息 $M=(\mathrm{m\_cont},\mathrm{m\_grade}, \mathrm{m\_time})$ 之后，根据级别选择深度优先路径或者广度优先路径，根据消息的生命时长选择传播长度。群体间网络联结如图 10.2 所示。

$\forall v_i \in V$，收到消息 M 后的可传播节点算法如下。

（1）路径生成方法选择，若 ifm_grade = high，则采用深度优先路径，否则，采用广度优先路径。

（2）生成路径长度 m_time 的可传播集合 $V_m = \{v_i \mid v_{i1} \in V\}$。

（3）$\forall v_i \in V_m$，响应 M，同时 m_time=m_time−1 如果 m_time > 0，则转步骤（1）。

确定邻居后，当农户容易被影响（即 $E_f < a$，a 为阈值）时，对农户的预期和邻居的预期进行一致化处理。二者中 E_f 更小的一方将改变自己的预期，并与对方的预期相同，即 $E_x \xleftrightarrow{E_f} E_N$。

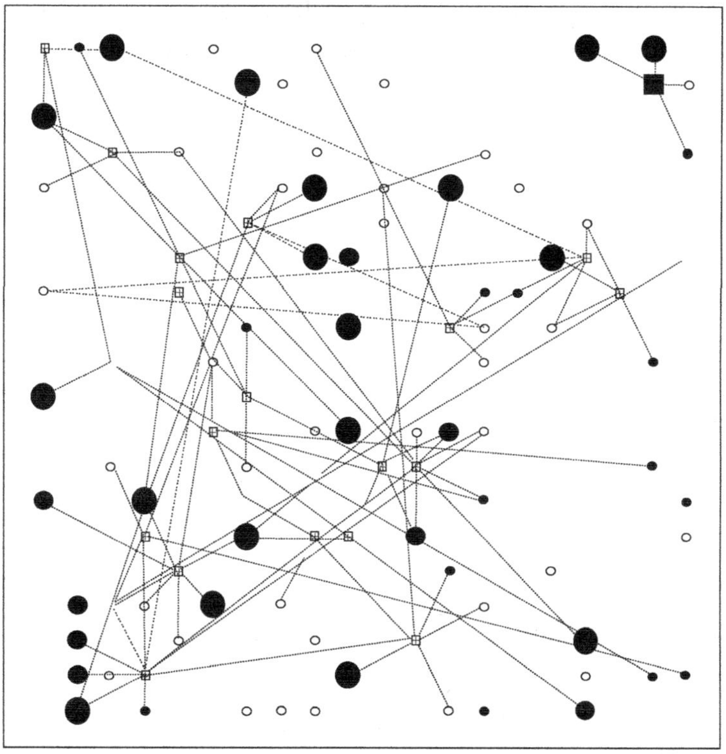

图 10.2　不同规模农户及农户间联系方式

羊群效应的特征之一是，除了群体的盲从，个体对于权威意见也深信不疑。对应地，在 ADM 模型中，当散户得到大户的直接信息时，散户将会不假思索地跟随大户的预期，即 $E_x = E_y$。此时无论农户受外界影响能力如何，都将简单地听从大户意见。

10.2.4　市场中风险偏好机制

确定市场走向后，农户风险偏好将是决定农户 ADM 的一大关键因素。不同的农户对风险的态度不一样，有的农户更愿意接受高风险、高回报的情况，有的农户则厌恶风险。

作为理性的经济人，当农户不看好未来行情时，他们不可能选择冒险。因此，只有看好未来行情并愿意冒险的农户才会扩大自己的种植面积。在 ADM 模型中，对预期乐观的农户进行风险判定，当农户的判定结果为 true，即愿意冒险时，农户的种植策略将按意愿和可调整数量进行积极调整，得到农户的种植面积；当农户的判定结果为 false 或农户的预期本就为悲观时，农户一般不对种植面积进行调整，其策略将不进行调整，仍为初始值。通过这样的方式，最终得到不同的农户在羊群行为和风险偏好共同作用下的种植面积策略。

10.3 模 型 实 现

将上述模型在 AnyLogic 中实现，总体上可以将模型拆分成价格成本设定部分、个体预期导向部分及个体风险判定部分。模型实现后界面如图 10.3 所示。

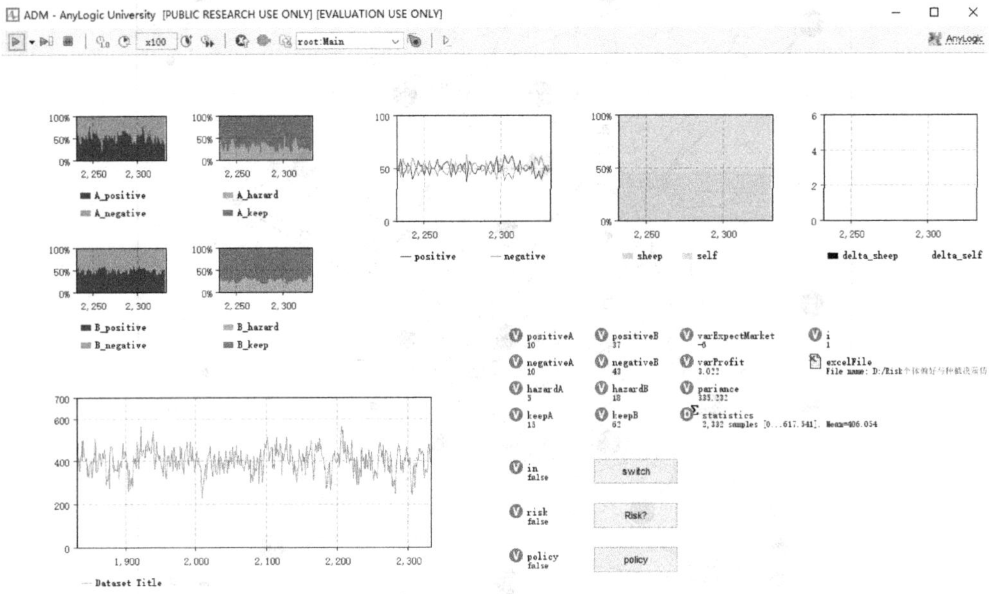

图 10.3　模型运行界面及输出

10.3.1　主要智能体及其参数

主要智能体为大户和散户，作为邻居，其行为选择和言行判断通过某种方式可能影响农户 ADM 行为。大户智能体类 farmerA 和散户智能体类 farmerB 如表 10.1 所示。

表 10.1　智能体主要参数

名称	意义	类型	取值范围	默认值
parExpectRate	农户预期受外界影响的速率	double	0～1	0.6
parRiskAP	风险厌恶的阿罗-普拉特风险系数	double	0.4～0.7	—
parEffectRate	受外界影响的难易程度	double	0～1	—
parArce0	农户最小种植面积	integer	0	—
parTotalAcre	农户土地面积	integer	6～12	—

续表

名称	意义	类型	取值范围	默认值
(x, y)	智能体物理坐标位置	position	environment	—
varExpectMarket	目前市场中的群体预期比	double	0～1	—
varRiskRate	农户是否冒险的判定变量	double	0～1	0
varDeciAcre	农户种植面积	integer	6～12	—
varAttinextMarket	对市场的乐观或悲观预期	boolean	true; false	false
varRiskAttempt	农户决定冒险或选择保守	boolean	true; false	false

外部环境变量包括市场价格、各种生产资料价格等，如表 10.2 所示。

表 10.2　外部环境变量

名称	意义	类型	取值范围	默认值
varPrice	市场价格，农户被动接受	double	0～20	0.2
parC1	化肥成本	double	0～10	300
parC2	种子成本	double	0～10	400
parC3	农药成本	double	0～10	600
varProfit	农户可获得的单位收益	double	0～15	—

10.3.2　价格成本设定

在 ADM 模型中，假定价格由于市场供求关系而存在一定波动，成本则不变。因为价格和成本均为农户被动接受的量，与农户无关，所以可以将价格和成本相应地转换成单位利润，即 varProfit = varPrice – parC1 – parC2 – parC3。其中，只有价格是变量，成本均为定量，因此可以认为利润与价格正相关。

价格的变动直接带来了利润的变动，给价格引入一个事件表也就相当于给利润引入了一个事件表，通过调研，可以给出一个契合现实情况的价格变量事件表。

通过事件表，可以持续给农户输入一个当期的利润值，并将其作为后续计算面积的初始值，至此完成了模型的价格成本设定部分。

10.3.3　个体预期导向

通过 parExpectRate 参数，可以给出初始状态下不同农户对未来的预期。有了初始的预期，农户会了解别人的想法，从而可能发生相应变化。

针对不同的农户，可以给智能体定义一个 parEffectRate 参数，在初始时便针对每个农户给出各自的受外界影响的难易程度。为了实现农户间的差异性，引入 random( )函数，

通过 $a+b\times$ random( )的方式给不同的农户设定范围内的影响系数，随机生成的数越大，相应的影响系数也越大，农户越不容易受影响。最不易受影响的农户的影响系数是 $a+b$，最容易受影响的农户的影响系数是 a（$0<a<a+b<1$）。

（1）受邻居看法影响（0 < parEffectRate < 0.33）。这部分农户直接受邻居影响。当接收到邻居的消息后，直接设置自身对市场的预期（varAttinextMarket）与邻居相同。

（2）受市场预期影响（0.33 ≤ parEffectRate < 0.67）。这部分农户受总市场预期影响。当基于市场中的大户和散户的意见最终得到总市场预期后，将设置自身对市场的预期（varAttinextMarket）与总市场预期相同。

（3）反其道而行之（0.67 ≤ parEffectRate < 0.1）。这部分农户受总市场预期影响。设置自身对市场的预期（varAttinextMarket）与总市场预期相反。

通过这样的计算，可以得到新一轮个体预期，至此完成了模型的个体预期导向部分。

10.4　农户风险偏好的影响

不同的农户有着不同的性格、经济资源、社会经验，相同风险下的取舍就有差异，因此有不同的风险偏好。有的农户愿意为了高额利润而冒一定风险，有的农户则不愿意冒一点风险。类似 parEffectRate 的设置方法，可以得到不同农户各自的风险厌恶的阿罗-普拉特风险系数 parRiskAP。

给定风险厌恶的阿罗-普拉特风险系数后，还需要对当前风险完成判定。定义一个 varRiskRate 变量，通过 random( )函数给它赋值，再定义一个 boolean 型 varRiskAttempt 变量，默认值为 false。当随机得到的 varRiskRate 小于 parRiskAP 时，判定此时的风险在该农户的接受范围内，农户选择冒险，将 varRiskAttempt 更新为 true。在这样的逻辑下，给定 varRiskRate 时，parRiskAP 越高，parRiskAP > varRiskRate 的可能性越大，对应的就是面对同样的风险情况，愿意冒险的人更可能去冒险。

如图 10.4 所示，随机生成 parRiskAP 变量值和 varRiskRate 变量值，刻画了不同农户对不同风险的不同反应，将最终农户的选择存储到 varRiskAttempt 变量中，至此就完成了模型的个体风险判定部分。

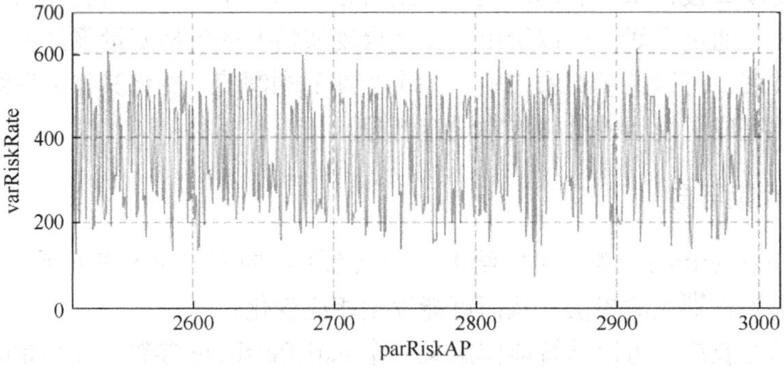

(a)

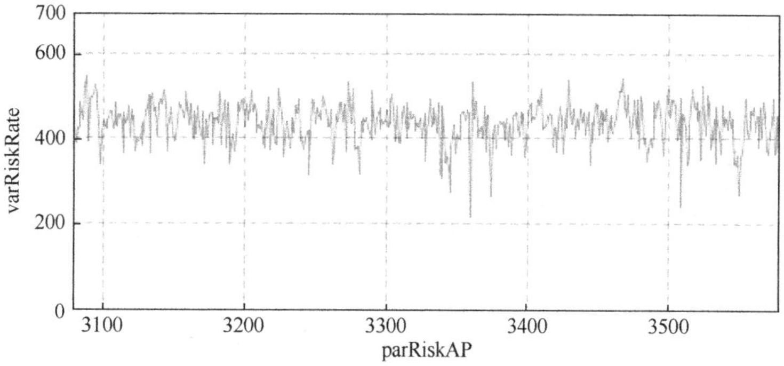

(b)

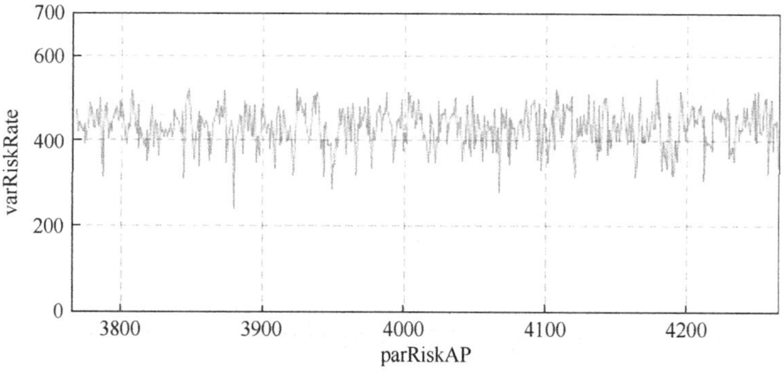

(c)

图 10.4 不同风险偏好与羊群效应之下的 ADM 波动

10.5 邻居间消息传播距离的影响

邻居间消息传播距离对农户的羊群效应有着一定影响。但并非邻居间消息传播距离越广，羊群效应越明显。不同邻居间消息传播距离下的农户羊群效应比较如图 10.5 所示。

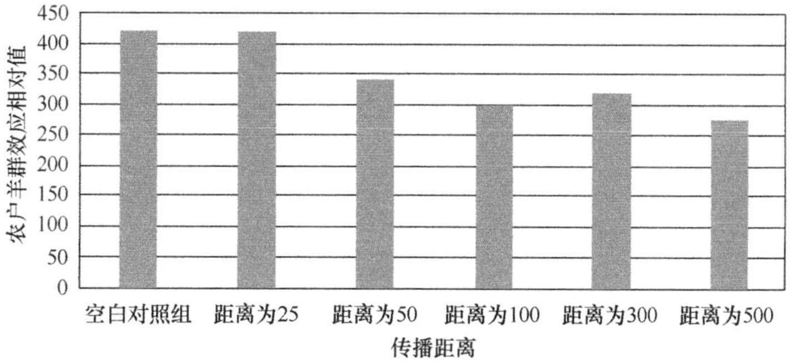

图 10.5 不同消息传播距离下的农户羊群效应相对值比较

农户个体的不同行为对最终群体的决策有着不同的影响，如图 10.6 所示。大户指导和跟随市场这两个因素单独作用时并没有呈现出明显效果，但与邻居影响相结合后让群体产生了明显的变化，呈现羊群行为，如图 10.6 所示。

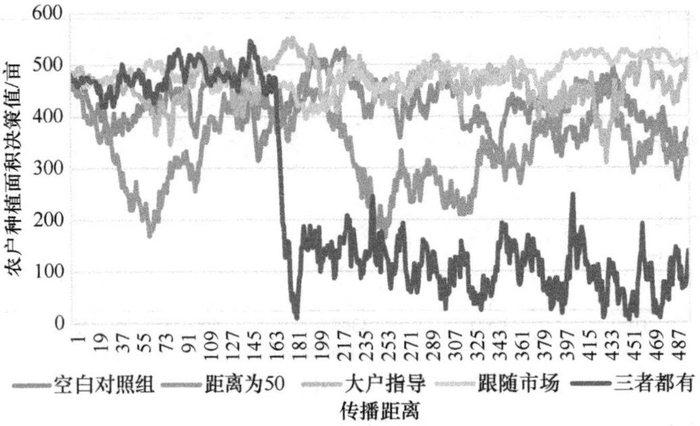

图 10.6 不同作用因素之下的 ADM 面积波动交叉对比

当风险偏好影响农户受外界影响能力时，农户更快地趋向于羊群，但此时的农户将更有独立性，羊群效应并不明显。

10.6 研究启示

本章所建立的基于无标度网络的农户 ADM 模型能够从农户风险偏好、邻居间消息传播距离两个方面表达、再现在农户复杂决策环境之下的 ADM 行为规律，为农户 ADM 研究提供有别于经典农业经济研究的另一种可能。

参 考 文 献

陈华宁, 2007. 欧盟、日本农产品质量安全立法及启示[J]. 世界农业, (9): 11-14.

陈莉莉, 葛广波, 荣艳, 等, 2020. 中药在新冠肺炎防治中的应用和研究进展[J]. 上海中医药大学学报, 34(3): 1-8.

陈希曦, 2019. 互联网+背景下智慧医疗应用现状分析[J]. 计算机产品与流通, (2): 126.

陈英, 2004. 日本农地制度对我国农地制度改革的启示[J]. 学术交流, (5): 72-74.

程国强, 罗必良, 郭晓明, 2014. “农业共营制”: 我国农业经营体系的新突破[J]. 农村工作通讯, (12): 44-47.

董涵英, 1986. 土地经营规模与农业机械化[J]. 中国农村经济, (8): 50-53.

杜赫德, 2005. 耶稣会士中国书简集——中国回忆录[M]. 耿昇, 等, 译. 郑州: 大象出版社.

樊红平, 牟少飞, 叶志华, 2007. 美国农产品质量安全认证体系及对中国的启示[J]. 世界农业, (9): 39-42.

范琛, 王效俐, 丁超, 等, 2015. VMI 供应链下考虑补货策略的契约设计[J]. 中国管理科学, 23(2): 92-98.

范如国, 王奕博, 罗明, 等, 2020. 基于 SEIR 的新冠肺炎传播模型及拐点预测分析[J]. 电子科技大学学报, 49(3): 369-374

费孝通, 2011. 乡土中国 生育制度 乡土重建[M]. 北京: 商务印书馆.

冯定, 2006. 神经网络专家系统[M]. 北京: 科学出版社.

桂寿平, 丁郭音, 张智勇, 等, 2010. 基于 AnyLogic 的物流服务供应链牛鞭效应仿真分析[J]. 计算机应用研究, 27(1): 138-140, 144.

郭斌, 2012. 农村社会网络嵌入与农业企业层级控制结构——以某省 J 农业有限公司为例[J]. 中国农村观察, (6): 22-30, 89, 93.

郭红东, 钱崔红, 2005. 关于合作社理论的文献综述[J]. 中国农村观察, (1): 72-77, 80.

郭军华, 倪明, 李帮义, 2010. 基于三阶段 DEA 模型的农业生产效率研究[J]. 数量经济技术经济研究, 27(12): 27-38.

韩鹏, 许惠渊, 2002. 日本农地制度的变迁及其启示[J]. 世界农业, (12): 14-15.

胡敏华, 2007. 农民理性及其合作行为问题的研究述评[J]. 财贸研究, 18(6): 46-52.

黄珺, 朱国玮, 2007. 异质性成员关系下的合作均衡——基于我国农民合作经济组织成员关系的研究[J]. 农业技术经济, (5): 38-43.

黄瑞芹, 2009. 中国贫困地区农村居民社会网络资本——基于三个贫困县的农户调查[J]. 中国农村观察, 1: 14-21.

黄守军, 杨俊, 陈其安, 2016. 基于 B-S 期权定价模型的 V2G 备用合约协调机制研究[J]. 中国管理科学, 24(10): 10-21.

蒋剑勇, 郭红东, 2012. 创业氛围、社会网络和农民创业意向[J]. 中国农村观察, (2): 20-27.

勒庞, 2005. 乌合之众: 大众心理研究[M]. 冯克利, 译. 北京: 中央编译出版社.

李婵娟, 左停, 2013. “嵌入性”视角下合作社制度生存空间的塑造——以宁夏盐池农民种养殖合作社为例[J]. 农业经济问题, 34(6): 30-36, 110.

李崇光, 包玉泽, 2010. 我国蔬菜产业发展面临的新问题与对策[J]. 中国蔬菜, (15): 1-5.

李聪, 黄逸民, 2006. 食品安全监测与预警系统[M]. 北京: 化学工业出版社.

李谷成, 2009. 技术效率、技术进步与中国农业生产率增长[J]. 经济评论, (1): 60-68.

李凯, 苏慧清, 刘智慧, 2016. 基于消费者异质性偏好的零售商抗衡势力研究[J]. 中国管理科学, 24(9):

53-63.
李连英, 郑鹏, 2012. 蔬菜营销渠道合作博弈研究——基于批发商和零售商视角[J]. 农业技术经济, (7): 77-86.
李树, 陈刚, 2012. "关系"能否带来幸福？——来自中国农村的经验证据[J]. 中国农村经济, (8): 66-78.
李岳云, 蓝海涛, 方晓军, 1999. 不同经营规模农户经营行为的研究[J]. 中国农村观察, (4): 41-47.
梁巧, 黄祖辉, 2011. 关于合作社研究的理论和分析框架: 一个综述[J]. 经济学家, (12): 77-85
刘军, 2009. 整体网分析讲义——UCINET 软件实用指南[M]. 上海: 格致出版社.
刘运梓, 2006. 英国几百年来农场制度的变化[J]. 世界农业, (12): 12-15.
龙吉泽, 2014. 巴西的农业生产及农业机械化[J]. 湖南农机, (12): 95-96.
卢曦, 许长新, 2017. 基于三阶段 DEA 与 Malmquist 指数分解的长江经济带水资源利用效率研究[J]. 长江流域资源与环境, 26(1): 7-14.
罗必良, 2000. 农地经营规模的效率决定[J]. 中国农村观察, (5): 18-24, 80.
罗必良, 2010. 合约的不稳定与合约治理——以广东东进农牧股份有限公司的土地承租为例[J]. 中国制度变迁的案例研究, 8: 221-248.
罗家德, 2003. 社会网分析讲义[M]. 北京: 社会科学文献出版社.
罗伊・普罗斯特曼, 李平, 蒂姆・汉斯达德, 1996. 中国农业的规模经营: 政策适当吗？[J]. 中国农村观察, (6): 17-29, 63.
吕美晔, 王凯, 2008. 菜农资源禀赋对其种植方式和种植规模选择行为的影响研究——基于江苏省菜农的实证分析[J]. 农业技术经济, (2): 64-71.
马占新, 2002. 数据包络分析方法的研究进展[J]. 系统工程与电子技术, (3): 42-46.
毛泽东, 1955. 关于农业合作社问题[J]. 畜牧与兽医, (6): 207-215.
慕银平, 刘利明, 2015. 采购价格柔性策略与供应链利润风险分析[J]. 中国管理科学, 23(11): 80-87.
斯科特, 2007. 社会网络分析法[M]. 刘军, 译. 重庆: 重庆大学出版社.
汪剑眉, 李钢, 2020. 新冠肺炎非均匀感染力传播模型与干预分析[J]. 电子科技大学学报, 49(3): 392-398.
王思远, 谭瀚霖, 李东杰, 2020. 基于改进传染病动力学易感-暴露-感染-恢复(SEIR)模型预测新型冠状病毒肺炎疫情[J]. 第二军医大学学报, 41(6): 637-641.
韦伯, 1999. 儒教与道教[M]. 王容芬, 译. 北京: 商务印书馆.
魏权龄, 2012. 评价相对有效性的数据包络分析模型——DEA 和网络 DEA[M]. 北京: 中国人民大学出版社.
肖伟, 宋奕, 2020. 以快应变: 新冠肺炎疫情下的"抗疫设计"思考[J]. 建筑学报, (3): 55-59.
熊峰, 彭健, 金鹏, 等, 2015. 生鲜农产品供应链关系契约稳定性影响研究: 以冷链设施补贴模式为视角[J]. 中国管理科学, 23(8): 102-110.
徐勇, 邓大才, 2006. 社会化小农: 解释当今农户的一种视角[J]. 学术月刊, 7: 5-13.
杨国梁, 刘文斌, 郑海军, 2013. 数据包络分析方法(DEA)综述[J]. 系统工程学报, 28(6): 840-860.
姚树俊, 陈菊红, 和征, 2016. 产品服务系统转移支付机制研究[J]. 中国管理科学, 24(2): 84-90.
叶敬忠, 2004. 创造变化的空间——农民发展创新的原动力研究[J]. 中国农村观察, (4): 37-45, 81.
喻文, 邵畅志, 王侃, 等, 2020. 基于 SEIR 模型的高校新冠肺炎疫情传播风险管控研究[J]. 武汉理工大学学报(信息与管理工程版), 42(4): 368-372.
翟瑜菲, 冯华诺, 林国天, 等, 2020. "互联网+"时代新冠肺炎防控策略[J]. 海南医学院学报, 26(11): 801-803.
张光辉, 1996. 农业规模经营与提高单产并行不悖——与任治君同志商榷[J]. 经济研究, 31(1): 55-58.

张士云，江激宇，栾敬东，等，2014. 美国和日本农业规模化经营进程分析及启示[J]. 农业经济问题，35(1): 101-109, 112.

章德宾，何增华，2015. 东亚农民合作历史对我国大陆农民合作运动的启示[J]. 中国农民合作社，(11): 52-53.

章德宾，胡斌，张金隆，2006. 企业员工-管理者互动行为的定性模拟实现[J]. 华中科技大学学报(自然科学版), 34(8): 118-121.

章祥荪，贵斌威，2008. 中国全要素生产率分析：Malmquist 指数法评述与应用[J]. 数量经济技术经济研究, 25(6): 111-122.

赵泉民，李怡，2007. 关系网络与中国乡村社会的合作经济——基于社会资本视角[J]. 农业经济问题，28(8): 40-46.

赵晓飞，李崇光, 2007. "农户-龙头企业"的农产品渠道关系稳定性：理论分析与实证检验[J]. 农业技术经济, (5): 15-24.

周涛，刘权辉，杨紫陌，等，2020. 新型冠状病毒肺炎基本再生数的初步预测[J]. 中国循证医学杂志，20(3): 359-364.

周应恒，俞文博，周德, 2016. 德国农地管理与农业经营体系研究[J]. 改革与战略, (5): 150-154.

BANATI D, 2003. The EU and candidate countries: How to cope with food safety policies? [J]. Food Control (14): 89-93.

BANKER R D, 1984. Estimating most productive scale size using data envelopment analysis[J]. European Journal of Operational Research, 17(1): 35-44.

BARNES J A, 1972. Social networks[J]. Module in Anthropology, (26): 1-29.

BERRUETA L A, ALONSO-SALCES R M, HEBERGER K, 2007. Supervised pattern recognition in food analysis[J]. Journal of Chromatography A, 1158(1-2): 196-214.

BJORNSTAD O N, SHEA K, KRZYWINSKI M, et al, 2020. Modeling infectious epidemics[J]. Nature Methods, 17(5): 455-466.

BORGATTI S P, EVERETT M G, FREEMAN L C, 2002. UCINET 6.0 for windows: Software for social network analysis[M]. Harvard: Analytic Technologies.

CHAVAS J P, 2004. Risk analysis in theory and practice[M]. San Diego: Elsevier Academic Press.

CHAVAS J P, CHAMBERS R G, POPE R D, 2010. Production economics and farm management: A century of contributions[J]. American Journal of Agricultural Economics, 92(2): 356-375.

CHAVAS J P, SHI G M, 2015. An economic analysis of risk, management and agricultural technology[J]. Journal of Agricultural and Economics Resources, 40(1): 63-79.

CHEN C R, RAMASWAMY H S, 2003. Analysis of critical control points in deviant thermal processes using artificial neural networks[J]. Journal of Food Engineering, 57(3): 225-235.

COOPER W W, SEIFORD L M, TONE K, 2007. Data envelopment analysis[M]. 2nd ed. New York: Springer.

DUTTA J, PRASAD K, 2002. Stable risk-sharing[J]. Journal of Mathematical Economics, 38(4): 411-439.

EVERETT M, 2002. Social network analysis[M]. Essex: Textbook at Essex Summer School in SSDA.

FARE R, GROSSKOPF S, NORRIS M, et al, 1994. Productivity growth, technical progress, and efficiency change in industrialized countries[J]. American Economic Review, 84(1): 66-83.

FREEMAN L C, 1979. Centrality in social networks: Conceptual clarification[J]. Social Networks, 1(3): 215-239.

GONI S M, ODDONE S, SEGURA J A, et al, 2008. Prediction of foods freezing and thawing times: Artificial neural networks and genetic algorithm approach[J]. Journal of Food Engineering, 84(1): 164-178.

GOSTIN L O, HODGE J G, WILEY L F, 2020. Presidential powers and response to COVID-19[J]. JAMA, 323(16): 1547-1548.

GRANOVETTER M S, 1985. Economic action and social structure: The problem of embeddedness[J]. American Journal of Sociology, 91(3): 481-510.

GRANOVETTER M S, 1973. The strength of weak ties[J]. American Journal of Sociology, 78(6): 1360-1380.

HURLEY T M, MITCHELL P D, RICE M E, 2004. Risk and the value of Bt-corn[J]. American Journal of Agricultural Economics, 86(2): 345-358.

HWANG K K, 1987. Face and favor: The Chinese power game[J]. American Journal of Sociology, 92(4): 944-974.

JEVSNIK M, HLEBEE V, RASPOR P, 2008. Consumers' awareness of food safety from shopping to eating[J]. Food Control, 19(8): 737-745.

JUST R E, CALVIN L, QUIGGIN J, 1999. Adverse selection in crop insurance: Actuarial and asymmetric information incentives[J]. American Journal of Agricultural Economics, 81(4): 834-849.

KRACKHARDT D, KILDUFF M, 1990. Friendship patterns and culture: The control of organizational diversity[J]. American Anthropologist, 92(1): 142-154.

LI Q, GUAN X, WU P, et al, 2020. Early transmission dynamics in Wuhan, China, of novel Coronavirus–Infected pneumonia[J]. New England Journal of Medicine, 382(13): 1199-1207.

LUO J D, 2005. Particularistic trust and general trust: A network analysis in Chinese organizations[J]. Management and Organization Review, 1(3): 437-458.

MALMQUIST S, 1953. Index numbers and indifference surfaces[J]. Trabajos de Estadistica, 4(2): 209-242.

MARUTA T, OKADA A, 2015. Formation and long-run stability of cooperative groups in a social dilemma situation[J]. International Journal of Economic Theory, 11(1): 121-135.

MEREL P, SAITONE T L, SEXTON R J, 2015. Cooperative stability under stochastic quality and farmer heterogeneity[J]. European Review of Agricultural Economics, 42(5): 765-795.

MILES J, CREED D, 1985. Organizational forms and managerial philosophies[J]. Research in Organizational Behavior, (17): 333-372.

MITCHELL P D, 2003. Value of imperfect input information in agricultural production[J]. Agricultural Systems, 75(2-3): 277-294.

NAHAPIET J, GHOSHAL S, 1998. Social capital, intellectual capital, and the organizational advantage[J]. Academy of Management Review, 23(2): 242-266.

NEWTON J, 2012. Recontracting and stochastic stability in cooperative games[J]. Journal of Economic Theory, 147(1): 364-381.

NOWAK A S, RADZIK T, 1995. On axiomatizations of the weighted Shapley values[J]. Games and Economic Behavior, 8(2): 389-405.

OTSUKA K, CHUMA H, HAYAMI Y, 1992. Land and labor contracts in agrarian economies: Theories and facts[J]. Journal of Economic Literature, 30: 1965-2018.

RADZIK T, 2012. A new look at the role of players' weights in the weighted Shapley value[J]. European Journal of Operational Research, 223(2): 407-416.

SEXTON R J, 1986. The formation of cooperatives: A game-theoretic approach with implications for cooperative finance, decision making, and stability[J]. American Journal of Agricultural Economics, 68(2): 214-225.

STAATZ J M, 1983. The cooperative as a coalition: A game-theoretic approach[J]. American Journal of

Agricultural Economics, 65(5): 1084-1089.

STEVENS J R, STEPHENS D W, 2004. The economic basis of cooperation: Trade offs between selfishness and generosity[J]. Behavioral Ecology, 15(2): 255-261.

TODT O, MUNOZ E, PLAZA M, 2007. Food safety governance and social learning: The Spanish experience[J]. Food Control , 18(7): 834-841.

USDA, 2017. Farms and land in farms[R]. Ithaca: Cornell University.

WANG Z G, MAO Y N, GALE F, 2008. Chinese consumer demand for food safety attributes in milk products[J]. Food Policy, 33(1): 27-36.

WHITE H C, BOORMAN S A, BREIGER R L, 1976. Social structure from multiple networks[J]. American Journal of Sociology, 81(4): 730-780.

附录1　实验指导书

经济社会系统仿真方法实验指导

学　期：

学　时：

教　师：

班　级：

年　　月

总体要求如下。

1. 每个人自行撰写实验报告，电子版和打印版在下次实验课时统一上交。电子版中附图采用 jpeg 格式进行压缩，一般小于 500KB。

2. 实验报告作为评分主要依据，评分以报告的总体结构、构思、图文外观等为主要标准。根据学生每项实验（实习）任务完成情况进行评分，以此作为过程考核成绩依据。

3. 与他人报告高度重复、类似的，将严重影响本人成绩。涉及抄袭报告的学生，将通报学院教务处，该生成绩为 0。

4. 对 AnyLogic 各控件的学习和帮助当以其自带的英文手册为准，不建议查找中文资料。原因如下：一是内容不准确，AnyLogic 的更新太快，有些模型对低级版本并不兼容，有些控件已经升级并淘汰；二是网上的各种帮助实用价值有待提高，有可能照着它却做不出来。

5. 只要过了英语 4 级，英文手册就能看懂，不必害怕。编程的人总要过此关，只要在一门编程类课程中坚持使用完英文手册，以后就会不再惧怕。做完一遍之后，应当重复练习。

6. 虽然上课时已经初步接触和演示过相关内容，但学生仍须抓紧时间，否则练习效果不理想。只看不练是没有用的。

实验一　离散事件模拟

一、实验（实习）目的

1. 学习和熟悉 AnyLogic 综合仿真软件。
2. 理解系统仿真的基本过程与原理。
3. 掌握最基本、最主要，也是最重要的离散事件模拟原理与方法。

二、实验（实习）原理

将多种随机不确定因素用合适的随机数（泊松分布、指数分布、正态分布、三角分布等）表示出来，按问题演进（加工流程）将系统状态变化构建成一系列用源、队列、加工、资源占用控件表示的离散演化模型；随着时间的离散化步进，系统状态在多种随机因素共同作用下展示出不同特征，以此作为决策参考。

各种随机分布的生成步骤如下：首先生成均匀分布随机数，然后由均匀分布生成其他分布。均匀分布随机数生成方法主要有平方取中法、线性同余法及各种演化进化方法。实验过程中，注意观察 Source 控件的到达规律随机性表示方法，体会上述原理。

三、主要仪器及试材

AnyLogic 实验室版本为 AnyLogic 8.5 PLE，建议上机之前自行携带并安装最新版；也可用 AnyLogic 6.0，但其 tutorial 示例不是最新的。

四、实验（实习）方法与步骤

1. 安装最新版 AnyLogic PLE，试运行最基本的示例程序。

2. 浏览基本界面，分清 Project、Property、Error、Run 等主要功能区。

3. 找到 Examples，运行其中的例子模型，掌握查看和区分样例的主要方法，如 DES SD MAS。

4. 找到其中的 Bank Office Model（Process Centric），根据其提示练习离散事件模拟基本过程，其中，关于数据的展示和统计部分要结合实验课上的分析验证应用部分，认真体会。

5. 练习完例子的学生，以学校食堂排队效率问题为背景，设计和建立一个离散事件模拟模型，并进行初步的改进方案对比和选择。

五、实验（实习）结果处理

以某学校食堂提高效率为目标，建立一个食堂排队买饭（多队列多服务台）仿真模型。

六、思考题

在处理多种随机不确定问题时，经典概率方法、运筹学方法与系统仿真方法有何区别？系统仿真方法在处理此类问题时的优势是什么？

实验二　MAS

一、实验（实习）目的

1. 理解 MAS 的基本原理。
2. 熟悉根据问题抽象不同智能体、建立智能体的状态变化图的方法和步骤。
3. 理解在智能体状态图、在 Main 中建立局部变量和全局变量的差异。
4. 通过样例模型，理解和掌握智能体之间收发消息的基本原理。

二、实验（实习）原理

个体间交互行为对群体（总体）行为表现能产生重要影响；将现实问题中的复杂个体用面向对象的方式抽象为智能体，赋予相应的属性和方法，能够感知环境、学习训练规律和交互，能够更加贴近现实中复杂主体行为。

MAS 通过将系统内复杂主体抽象为智能交互个体，以个体自主演化的结果，而不是事先设定的计算流程，来模拟复杂群体的行为结果。

三、主要仪器及试材

AnyLogic 8.5 PLE。

四、实验（实习）方法与步骤

1. 以巴斯扩散的 MAS 实现为例，演示和学习基本的 MAS 过程。

2. 分析和学习客户智能体两种状态，以及两种状态的动作转化时间点选择，体会智能体建模中智能体主要方法应当附于智能体本身。观察客户实例化，即在环境中实例化实体，体会智能体与其实例的不同之处。

3. 学习智能体间发送消息和接收消息的基本实现过程与原理。

4. 练习完例子的学生，以下述问题为背景，设计一个 MAS 模型。

五、实验（实习）结果处理

以实验课上的演示为例，在某地图上，指定一条轰炸路线，建立一个 B2 轰炸机 Agent1，建立一个指定地点（有 *X* 和 *Y* 坐标）的轰炸目标 Agent2。通过指令（如点击 Button），B2 轰炸机沿指定路线飞行至目标，炸后目标应展示不同外观。B2 轰炸机和轰炸目标应当具有至少 2 个状态。

学有余力的学生可以将原地图换成 SHP 格式地图，直接读取经、纬度指定轰炸目标。可参考自带的 GIS 类例子，tutorial 示例中有使用在线地图实现的例子。

六、思考题

现实世界中，哪些问题宜采用离散事件模拟方法，哪些问题宜采用MAS方法？经济社会问题普遍具有的哪些特点使得 MAS 方法具有如此广泛的适用性？请分别辅以例证。

实验三　连续系统的系统动力学模拟

一、实验（实习）目的

1. 练习系统动力学模拟的主要控件和基本实现过程。

2. 掌握根据问题抽象系统动力学模拟模型，建立不同流位、流率参数和变量的实现方法。

3. 理解系统动力学在解决宏观问题方面的特点和优势。

二、实验（实习）原理

宏观问题中，许多随机不确定因素与目标或者因素之间并不存在确定的作用关系，或者作用关系不明确。此时，适用于微观生产作业流程的离散事件建模和适用于组织与个体交互等复杂行为的多智能体建模就具有较大局限。系统动力学方法首先构建局部个体变量的影响作用关系，并通过周期迭代实现部分系统规律的模拟；然后实现总体模型的合并和模拟。

三、主要仪器及试材

AnyLogic 8.5 PLE。

四、实验（实习）方法与步骤

1. 以巴斯扩散的系统动力学实现为例，根据其提示练习离散事件模拟基本过程，其中，关于数据的展示和统计部分要结合实验课上的分析验证应用部分，认真体会。

2. 按 tutorial 示例的指导，逐步完成巴斯扩散的系统动力学实现。其中要注意哪些变量选为流率，哪些变量选为流位，以及主要局部模型公式的实现方法。

3. 通过例子（包括实验一、实验二、实验三的例子），学会过程数据使用 AnyLogic 自带的数据集控件 DataSet 的实现方法。

4. 练习完例子的学生，以下述问题为背景，设计一个系统动力学模拟模型。

五、实验（实习）结果处理

房价是万众关注的焦点问题。中国的房价主要受到中国货币发行总量、固定资产投资占比、对外贸易总量及外汇汇率等几大类因素影响；同时，居民消费价格指数、食物消费占比、中外粮食价格对比等其他因素也对其存在部分影响。

在无法建立一个总体数学模型的前提下，可以首先建立因果关系，其次将部分因果作用清晰的关系建立为局部模型，最后在现有基础上实现较为接近现实的系统动力学模拟模型。

六、思考题

宏观问题与微观问题在作用机制上有何不同？宏观问题与微观问题都进行数理模型研究是否合理？（提示：在宏观问题中，例如，纽约某投资银行对汇率的一次错判可能导致跟风抛售，进而影响整个社会的汇率预期。这将影响中国经济的各个方面，如高杠杆炒房客；在微观问题中，例如，导弹轨迹和落点预测可将温度、大气环流、太阳风等有限的随机因素考虑穷尽，但类似前者的蝴蝶效应基本不存在。）为什么系统动力学方法适宜进行宏观问题模拟？

实验四　仿真实验的输出与 VV&A

一、实验（实习）目的

1. 理解系统仿真实验设计的必要性和操作过程。
2. 熟悉利用 AnyLogic 进行不同方法下仿真实验设计的基本步骤。
3. 掌握利用 AnyLogic 数据展示控件进行实验结果输出的方法。

二、实验（实习）原理

模拟实验的一次输出本质上是一种随机状态下的一次观察，并不能代表和体现系统规律。多次随机实验之后，在对结果进行筛选和统计的基础上才能够进行分析。

AnyLogic 中的实验设计和统计输出都是借用已有辅助工具实现的，应当在学习和掌握基本原理的基础上使用这些工具，从而实现较为简便易用的实验设计和统计输出。

三、主要仪器及试材

AnyLogic 8.5 PLE。

四、实验（实习）方法与步骤

1. 梳理所有附带例子中有关输出统计分析和实验设计的模型，结合实验课的 VV&A 部分、统计输出部分，理解这些实验设计的必要性。

2. 练习用 DataSet 收集仿真过程数据，用各种 Chart 控件展示 DataSet 数据的基本操作。

3. 练习丰富和美化仿真程序主界面与欢迎界面。

五、实验（实习）结果处理

以食堂多服务台多队列仿真模型为例。

1. 以提高食堂打饭效率为目标，以窗口师傅数量和打饭时间为决策变量，建立仿真模型，经模拟分别计算不同水平下的系统状态和表现，将所有待输出和计算用 AnyLogic 数据控件实现。

2. 将上述实验在 AnyLogic 中实现为三个实验。丰富和美化仿真程序主界面与欢迎界面。

六、思考题

为什么要进行仿真实验的 VV&A？为什么说一次仿真运行输出仅是一次观察？

附录2 复 习 题

习 题 一

一、填空题

1. 采用 Simulation 方法，而不是基于系统本身测度的解析、概率之上的规律总结，很大一部分原因是系统难以实现。系统难以实现的原因主要是____________（如核辐射对人的影响）、____________（如巨型曲轴设计）、____________（如飞机坦克训练器）等。

2. 离散事件仿真中，活动的开始与结束都是由____________引起的。离散事件仿真中常见的排队规则有____________、____________、____________。

3. 大量个体间发生的简单交互行为往往在总体上呈现复杂的结果。这种复杂现象称为____________。

4. VV&A 是仿真模型建立过程中及建立后的验证、确认和验收，此三个字母分别是三个英文单词____________、____________、____________的首字母。

5. 为模拟系统中多种不确定，必须将不确定性用各种分布律的随机变量表示。计算机仿真中，其他分布都是以均匀分布为基础产生的。常用的均匀分布伪随机数（pseudo random number）生成方法主要有三种，分别为____________、____________、____________。

二、单项选择

1. 用于训练各种工厂（电厂、化工厂、核电站、电网运行）人员操作的仿真系统属于（　　）类型。

A. 载体操作型　　B. 博弈决策型

C. 过程控制型　　D. 虚拟现实（virtual reality，VR）

2. 模型的验证、确认需要在如下哪个环节进行（　　）？

A. 仿真模型的概念设计阶段　　B. 模型的详细设计阶段

C. 计算机仿真程序实现阶段　　D. 包含上述所有阶段的仿真建模全部过程中

3. 在一个理发店的离散事件仿真系统中，下列（　　）是实体。

A. 理发师　　B. 顾客　　C. 剪刀　　D. 理发结束

4. Jay Wight Forester 是麻省理工学院教授，其在 20 世纪 60 年代为研究美国国家经济运行，创立了（　　）方法。

A. DES　　B. MAS　　C. SD　　D. HLA

5. 系统动力学最适用于解决下列哪一种问题（　　）？

A. 工厂装配生产流程的优化与设计

B. 个体交互对于群体产出、群体状态的影响

C. 宏观经济问题的抽象与建模

D. 数值寻优、数值模型优化

三、名词解释

1. Monte Carlo 模拟。
2. multi-agents simulation。
3. 平方取中法（midsquare method）。
4. 模拟时钟。

四、简答题

1. 均匀分布伪随机数序列是生成其他分布随机数序列的基础。假设已经由某种方法获得了均匀分布伪随机数序列 $u = u_1, u_2, u_3, \cdots, u_n$，又已知指数分布的概率密度为

$$f(x) = \begin{cases} \lambda e^{-\lambda x}, & x \geqslant 0 \\ 0, & x < 0 \end{cases}$$

请用逆变法生成服从参数为λ的指数分布伪随机数序列，并列出其主要过程和结果。

2. 简述多智能体仿真的基本建模过程、主要特点和适用场景。

五、论述题

为什么说仿真模型的一次运行只是系统的一次抽样，不能通过一次运行反映系统规律，而必须重复多次运行之后，将所测多次数据按样本数据进行统计？

习 题 二

一、填空题

1. MAS 以其面向对象特征和表达能力丰富，近几十年来在仿真应用领域大量使用。常见的 MAS 软件有____________、____________、____________。

2. 离散事件模拟中，活动的开始与结束都是由____________引起的。离散事件模拟中常见的排队规则有____________、____________、____________。

3. 在分布交互式仿真领域，美国 DOD 先后提出____________、____________、HLA 仿真模型，其中最后一种建模方式近年得到广泛应用，按高级体系结构（high level architecture，HLA）标准设计生产的运行时间基础结构（run time infrastructure，RTI）主要有美国的 RTI 和瑞典的 pRTI，在中国类似的 RTI 有____________和____________。

4. Petri 网有不同的类型，其中低级 Petri 网中，库所的容量和权重规定为大于等于 1 的任意整数，这样的 Petri 网称为____________，简称 P/T 网。当库所的容量等于 1 时，又称为____________，简称 C/E 网。

5. 常见的连续系统数学模型有____________、____________、____________。

二、单项选择题

1. 系统仿真模型通常是指下列哪一种模型（　　）？

A. 物理沙盘模型　　B. 等比例缩微试验机
C. 因果与逻辑关系模型　　D. 计算机仿真模型

2. 忽略具体事物的特殊性，着眼于整体和一般规律，这种研究方法是（　　）。

A. 抽象　　B. 归纳　　C. 演绎　　D. 推理

3. 在超市服务系统中，如果研究目的仅限于考查服务台数量与收银员数量对顾客收费等待的影响，则（　　）是临时实体。

A. 收银员　　B. 顾客　　C. 待购商品　　D. 超市经理

4. 在仿真模型一致、所要仿真的时间长度也一样的情况下，采用时钟机制中的（　　）可获得最高的仿真运行效率。

A. 固定步长时间推进机制　　B. 下次事件时间推进机制
C. 混合时间推进机制　　D. 固定事件表时间推进机制

5. 在分布交互式仿真中，美国 DOD 从 20 世纪 70 年代就一直持续不断地发展和设计更高效的仿真技术与平台。其中，实现了军、团、营级仿真器协同，且用于相同层次策略训练的是（　　）。

A. SIMNET　　B. DIS　　C. ALSP　　D. HLA

三、名词解释题

1. 系统建模。
2. 分布交互式仿真。
3. 系统动力学。

四、简答题

1. MAS 的基本原理是什么?
2. 利用 AnyLogic 进行多智能体建模与 MAS 的基本操作步骤是什么?

五、论述题

离散事件模拟是最早、技术和应用最为成熟的仿真方法。离散事件模拟中最主要的问题是时钟推进机制与事件调度。其中,时钟推进机制主要有固定步长法和下次事件法,请比较这两种时钟推进机制的异同。